Scratch
プログラミング 基礎
セミナーテキスト

3.0対応

日経BP

はじめに

本書は、次の方を対象にしています。

■プログラミングおよびScratchに初めて触れる方
■シングルクリックとダブルクリック、左クリックと右クリックの使い分け、ドラッグ・アンド・ドロップといったパソコンの基本的な操作ができる方
■WebブラウザーおよびWebページの閲覧にかかわる基本的な操作ができる方

本書では、一般的なプログラミングに必要な処理について学びながら、Scratchのプログラムを作品として完成・公開するまでのプロセスを学習します。本書に沿って学習すると、プログラミングの基本について学ぶのとともに、Scratchのプログラムを0から作り上げるための基本的な操作を身に付けることができます。

制作環境

本書は以下の環境で制作・検証しました。

■Windows 10 Pro（日本語版）をセットアップした状態。
　※ほかのエディションやバージョンのWindowsでも、対応するWebブラウザー（第1章の3ページ参照）が動作する環境であれば、ほぼ同じ操作で利用できます。
■マウスとキーボードを用いる環境（マウスモード）。
■画面の解像度を1920×1080ピクセル、拡大率を125%に設定した状態。
■Google Chrome（95.0.4638.54）で［ズーム］を125%に設定した状態
　※上記以外の環境でも、基本的には紹介した手順通りに操作することができます。ただし、必要に応じて、画面をスクロールするなどの操作が必要になることがあります。

おことわり
本書発行後（2021年11月以降）の機能やサービスの変更により、誌面の通りに表示されなかったり操作できなかったりすることがあります。その場合は適宜別の方法で操作してください。

表記

・メニュー、コマンド、ボタン、ダイアログボックスなどで画面に表示される文字は、角かっこ（[ ]）で囲んで表記しています。ボタン名の表記がないボタンは、マウスでポイントすると表示されるポップヒントで表記しています。

・ブロックやスプライト、変数など、プログラムによって名称が変わる可能性があるものについては「　」で囲んで表記しています。スプライトによっては名称を変更できないものがあったり、本書では初期設定のままで利用するものもあったりしますが、その場合でも「　」で囲んで表記します。

・ブロックによっては設定変更が可能なところが空欄になっているところがあります。そうしたブロックは、本文中では以下のように表記しています。

 … 「○＋○」ブロック（数値や文字列が入るところを○で示す）

 … 「◆または◆」ブロック（真偽値が入るところを◆で示す）

 … 「もし～なら」ブロック（条件が入るところを～で示す）

 … 「もし～なら　でなければ」
（ブロック内の表記が2行になっても1行で示す）

・入力する文字は「　」で囲んで表記しています。

・本書のキー表記は、どの機種にも対応する一般的なキー表記を採用しています。2つのキーの間にプラス記号（＋）がある場合は、それらのキーを同時に押すことを示しています。

・マウス操作の説明には、次の用語を使用しています。

用語	意味
ポイント	マウスポインターを移動し、項目の上にポインターの先端を置くこと
クリック	マウスの左ボタンを1回押して離すこと
右クリック	マウスの右ボタンを1回押して離すこと
ダブルクリック	マウスの左ボタンを2回続けて、すばやく押して離すこと
ドラッグ	マウスの左ボタンを押したまま、マウスを動かすこと

操作手順や知っておいていただきたい事項などには、次のようなマークが付いています。

マーク	内容
操作☞	これから行う操作
Step 1	細かい操作手順
⚠ 重要	操作を行う際などに知っておく必要がある重要な情報の解説
💡 ヒント	本文で説明していない操作や、知っておいた方がいい補足的な情報の解説
📖 用語	用語の解説

サンプルプログラム

本書で学習するにあたって、事前にパソコンに用意しておくデータはありません。
各章で作成するプログラムのサンプルは、ScratchのWebサイトで確認できます。
各サンプルプログラムへのリンクは、以下の方法で参照してください。

■リンクの参照方法
①以下のサイトにアクセスします。

　https://project.nikkeibp.co.jp/bnt/atcl/21/S60190/
②「サンプルプログラムへのリンク」をクリックします。
③表示されたページに各章のサンプルプログラムのリンクが表示されます。参照す
　るサンプルプログラムへのリンクをクリックしてください。

講習の手引き

本書を使った講習を実施される講師の方向けの「講習の手引き」をダウンロードす
ることができます。

■ダウンロード方法
①以下のサイトにアクセスします。

　https://project.nikkeibp.co.jp/bnt/atcl/21/S60190/
②「講習の手引き」をクリックします。
③表示されたページにあるダウンロード用リンクをクリックして、PDFファイルをダ
　ウンロードします。ファイルのダウンロードには日経IDおよび日経BPブックス&テ
　キストOnlineへの登録が必要になります（いずれも登録は無料）。

※本ページのURLにアクセスしても本書のページが開かない場合は、開いた先のペー
　ジで書名もしくはISBNで検索してください。ISBNは本書の奥付（最後のページ）で
　ご確認ください。

目次

第1章

Scratchの基礎知識

Scratchの特徴

Scratch（スクラッチ）は、誰でも気軽にプログラミング学習を始めることができる、初心者向けのプログラミング言語です。米マサチューセッツ工科大学のミッチェル・レズニック教授が中心となり、MITメディアラボにより開発されました。難しいプログラムコードを書く必要がなく、わかりやすいブロックをマウス操作で組み合わせていくことでプログラムを作るスタイルの、ビジュアルプログラミング言語と呼ばれるものの一種で、簡単にプログラムを作成することができます。これにより、小学生から大人まで、プログラミングに縁がなかった人でも簡単にアニメーションやゲームなどの作品を作ることができるようになりました。

誰でもプログラミングできるほど簡単と聞くと、大したことはできないのではないかと思う人がいるかもしれません。でも、簡単さが特徴である一方でプログラミングにおける主要な機能は漏れなく搭載されており、本格的なプログラムを作成することもできるように設計されています。このため、初めてプログラミングを学ぶのに向いているのと同時に、そのまま知識やスキルを身に付けていけば複雑で高機能なプログラムも開発できるようになります。

本章では準備運動として、そんなScratchについて、基本的な機能や使い方を紹介します。

■ 幅広いユーザー層

Scratchはすでに、世界150以上の国と地域で使用されており、60以上の言語に対応しています。もちろん日本語にも対応しており、Scratchの画面は漢字を使った日本語表記と、ひらがな／カタカナを中心とした日本語表記の2種類が用意されています。このためまだ多くの漢字を習っていない、低学年の小学生でもScratchを操作できるようになっています。単に世界中で使われているというだけでなく、日本でも幅広いユーザーが利用できるというわけです。

■ 学びやすいビジュアルプログラミング

Scratchでは、画面上のブロックをドラッグによって組み合わせていくことでプログラミングを行います。こういうスタイルのプログラミング言語を前述の通りビジュアルプログラミング言語といいます。一般にプログラミングというと、決められたルール（文法）に従って動作をプログラムコードとして記述します。このため、記述の仕方を間違えたり、タイプミスをしたりといった場合にはエラーが発生し、プログラムは思った通りには動作しません。その点ビジュアルプログラミングではコードを記述することがほとんどないため、そうしたエラーは滅多に起こりません。実際のところ、エラーを見つけるのにもある一定のスキルが必要です。このためScratchの場合は他の多くのプログラミング言語と違って、原因不明のエラーで学習がなかなか進まないといったことで悩むことがありません。

また、前述の通りScratchは日本語に対応しています。コードを記述する代わりに使うブロックは日本語で表記されているので英語が苦手でも何の問題もありません。日本語をベースにプログラミング学習に取り組むことができます。

このように理解しやすい一方で、一般的なプログラミングにおいても重要な処理である「繰り返し」や「条件分岐」「演算」などは実行可能になっており、Scratchを使って体系的にプログラミングを学んでいくことで、他の言語でも通用するプログラミングの基本を身に付けることができます。

■ 豊富な素材データを収録

Scratchを使うと画像や音楽を多用したプログラムを簡単に作ることができますが、素材となる画像や音声データのすべてを自分で用意するのは大変です。Scratchにはプログラミング作品制作に必要なキャラクターデザインやステージデザインといった素材があらかじめ多数収録されています。このため、そうした素材を自分で作ったり集めたりする手間がかかりません。そのため、面倒な手間をかけることなく、楽しみながらプログラミングを学習し、手軽にゲームやアニメーションを作成することができます。

■ インストール不要で利用できる

Scratchは、Webサイト上に公開されたサービスとして提供されています。つまり、WebブラウザーでScratchのWebサイトにアクセスする。それだけでScratchを利用できます。Scratchを利用するのに別途ソフトウェアをインストールする必要はありません。

ただし、推奨環境としてWebブラウザーの種類やバージョンが指定されています。下記のいずれかに当てはまるWebブラウザーを使うようにしましょう。

パソコン*	
Chrome	バージョン63以上
Edge	バージョン15以上
Firefox	バージョン57以上
Safari	バージョン11以上

*Windowsおよびmac OSの場合

タブレット	
Mobile Chrome	バージョン63以上
Mobile Safari	バージョン11以上

■ 作ったプログラムを簡単に公開できる

Scratchでは作成したプログラムを作品として公開できます。Web共有機能が充実しており、インター

ネットを介して作品を別の端末で表示したり、他の人が作ったプログラムをアレンジして使用することが可能です。

Scratchで作成した作品はURLを見せたい人に送ることによって、PCやタブレット、スマートフォンで閲覧してもらうことができます。Scratchのアカウントを作成しておけば、自分の作品は自動的にWeb上に保存されます。その中から指定した作品を公開するという手順で共有します。

サンプル作品を見てみよう

ここで試しにWeb共有機能を使って、Scratchで作成したサンプルアニメーション作品を表示してみましょう。どのような作品を作ることができるのか、目安になるはずです。下記のURLをWebブラウザーで開いてください。

https://scratch.mit.edu/projects/490684860/

サンプル作品は花火のアニメーションです。画面左上の緑の旗のボタン（これをスタートボタンといいます）を押すとランダムに花火が打ち上がります。この作品には効果音も付けられています。実行する際には音量の設定に注意して下さい。

Scratchの開き方

ここからは、Scratchでプログラミングをするための準備をしていきましょう。まず、プログラミングのためのエディター画面を開くところまでの手順と、エディター画面の主な機能について見ていきます。

操作👉 エディター画面の呼び出し

最初はWebブラウザーを開いた状態から始めます。このとき、どのWebページが開いていてもかまいません。Scratchの公式サイトを開き、まっさらな新規のプログラムを作る画面を開くところまでやってみましょう。

Step 1 公式サイトのトップページを開きます。

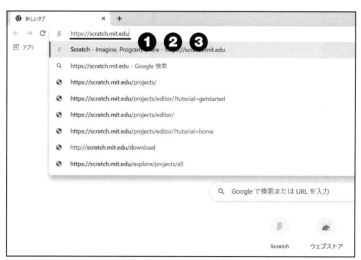

❶ Webブラウザーのアドレスバーをクリックします。

❷ すでに入力されているURLの代わりに「https://scratch.mit.edu/」を入力します。

❸ Enterキーを入力します。

❹ 公式サイトのトップページが開きます。

Step 2 エディター画面を開きます。

❶ [作る] ボタンをクリックします。

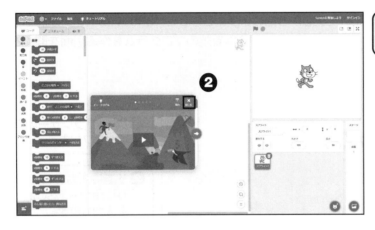

❷ チュートリアルのガイド画面を閉じます。

❸ プログラムを作る準備ができました。

Scratchの画面構成

Scratchでプログラミングを学ぶ上で必要な基本用語と、画面構成について紹介します。どれも、学習を続けていく上で繰り返し出てきます。この段階ですべて覚える必要はありません。学習を進めていく過程で用語や機能についてわからないところが出てきたら、そのつど、この項に戻って確認しましょう。

> Scratchを学ぶ上でとりわけ重要な用語について説明します。Scratchの用語には演劇や物語がイメージできる言葉が使われています。お芝居などを思い浮かべながら学習すると覚えやすいかもしれません。

■ スクリプト

「スクリプト」は本書でも最もよく出てくる言葉かもしれません。前述の通りScratchではブロックを積み重ねるように組み合わせて、プログラムを作ります。ある動作（処理）をするようにブロックを並べたものをスクリプトといいます。スクリプトは複数のブロックで構成されることがほとんどですが、作成途中の段階ではブロックがひとつだけでもスクリプトと呼ぶことがあります。

スクリプトとは本来「脚本」を意味します。Scratchに脚本を渡すと、その通りに演じてくれるというイメージです。

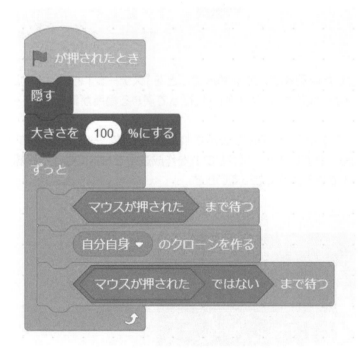

■ スプライト

Scratchでは、初期状態では猫のキャラクターが利用可能になっています。このキャラクターのことを総称して「スプライト」といいます。このスプライトに対して、動かしたり、見た目を変えたり、メッセージをしゃべらせたりといったような動作をさせるために、スクリプトを作成するというのがScratchのプログラミングです。

Scratchにはあらかじめ多数のスプライトが用意されており、初期状態で表示される猫のスプライトを使わずに、ほかの気に入ったスプライトを使うこともできます。また、複数のスプライトを使って、それぞれに異なる動作をするスクリプトを作成するといったことも可能です。

スプライトには「妖精」といった訳語がぴったり合います。妖精（スプライト）をさまざまに動かす脚本（スクリプト）を作るというのが、Scratchのプログラミングなのです。

■ ステージ

実際にプログラムを動作させた結果を表示する領域のことを「ステージ」といいます。言ってみれば、出演者である妖精（スプライト）が脚本（スクリプト）に従って演じる場所が舞台（ステージ）であるというわけです。

前述のサンプル作品では、このステージのみが表示された状態です。一方、スクリプトを作るエディター画面にもステージは用意されています。スクリプトを作成途中でも常に動作を確認するためのプレビュー画面として、常に利用できるようになっています。

■ プロジェクト

Scratchではプログラムは「プロジェクト」として管理されます。そのため、プロジェクトを新規に作成する、プロジェクトを保存する、プロジェクトを共有して公開する、プロジェクトページを見るといったように、ファイルではなくプロジェクトとして扱われます。個々のスプライトで行う処理を記述したものがスクリプトですが、プロジェクトはそうしたスクリプトすべてを含む作品全体のことを指します。

次ページでは、Scratchを操作するうえで知っておきたい画面構成とそれぞれの役割を説明します。まずはひと通り目を通して、どこに何があるかを見ておきましょう。

共有ボタン
プロジェクトをインターネットで共有します。完成したプロジェクトを他のユーザーにも使ってもらえるように公開するときに使います。

プロジェクトページ切替ボタン
各プロジェクトには専用のページが用意されます。そのページを開き、プロジェクトの詳細な情報や説明文などを設定します。プロジェクトを共有した場合、他のユーザーはプロジェクトページを見ることになり、プロジェクトを実行することができます。

プロジェクトタイトル
開いているプロジェクト（作品）の名前です。この欄のテキストを書き換えることで、プロジェクト名を変更できます。ファイルメニューでは、ここで設定した名前でプロジェクトを管理します。

ファイルボタン
「ファイル」メニューを開き、プロジェクトの新規作成や保存などを実行します。

言語切替ボタン
Scratchの表示に使われる言語を切り替えることができます。クリックして開くメニューから「日本語」を選択すると漢字を含む表記に、「にほんご」を選択するとひらがな・カタカナを主とした表記に切り替わります。

タブ
Scratchには3種類のタブが用意されています。
・コード（プログラミングを行う）
・コスチューム（スプライトや背景のデザインを編集する）
・音（音声／サウンドを編集する）

カテゴリリスト
ブロックを機能別に分類したカテゴリのリストです。いずれかのカテゴリをクリックすると、ブロックパレットに表示されるブロックが該当する分類のものになります。

ブロック
一つひとつが何らかの処理や機能を持っています。スクリプトエリアでブロックを並べていくことで、指定したスプライトや背景に対して動作を設定します。

スクリプト
ブロックを組み合わせたひとまとまりのプログラム。

ブロックパレット
利用できるブロックが一覧表示されたリストです。ブロックパレットにあるブロックを、ドラッグ操作でスクリプトエリアに読み込みます。ブロックパレットはカテゴリごとにまとまった、1枚の長いリストになっており、目的のブロックを探すにはブロックパレットをスクロールするか、カテゴリリストからいずれかのカテゴリを選んでジャンプします。

スクリプトエリア
ブロックを組み合わせてスクリプトを作るエリアです。このエリアの右上に現在選択されているスプライトが薄く表示されています。スクリプトエリアでは、このスプライトの動作を決めるスクリプトを作ります。スプライトを切り替えると、スクリプトエリアの表示も変わります。

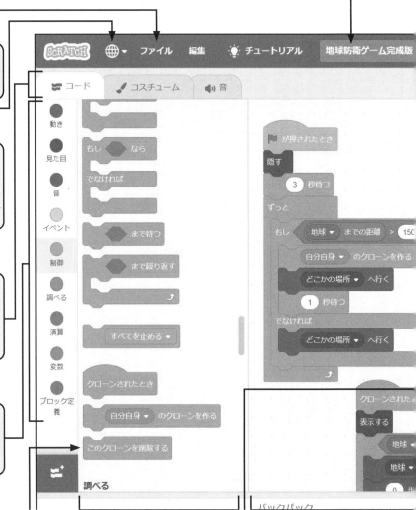

止めるボタン
プレビューのために実行したスクリプトの動作を停止させるときに使います。

スタートボタン
「スタートボタンが押されたとき」ブロックで始まるスクリプトを実行して、どのように動くのか、正しく動作しているかを調べます。実行中もしくは実行後の様子は、ステージで確認できます。

プロジェクト一覧ボタン
今までに作ったプロジェクトの一覧を表示します。プロジェクトタイトルを設定していない段階でも、Scratchの機能により自動保存されているプロジェクトならば、一覧に表示されます。

アカウント
「アカウント」メニューを開き、自分のプロフィールを作成したり、アカウントを設定したりします。サインアウトする場合もここから行います。

全画面ボタン
ステージをディスプレイ全体に表示します。細かいところの動きを確認したいときなどに使います。全画面表示中は元の表示に戻すための縮小ボタンに変わります。

ステージ
背景が表示され、プロジェクトに読み込んだスプライトが表示されます。作成途中の段階で動作をチェックするときなどにスクリプトを実行すると、ここに実行結果が表示されます。

スプライト
プロジェクトに読み込んだキャラクターです。スプライトはステージ上に表示され、スクリプトに従って動作します。

スプライトのプロパティ
指定したスプライトの詳細な情報（パラメーター）を表示します。それぞれの値を確認するだけでなく、直接変更することもできます。
・スプライト名
・座標（x座標、y座標）
・大きさ
・向き
・表示／非表示

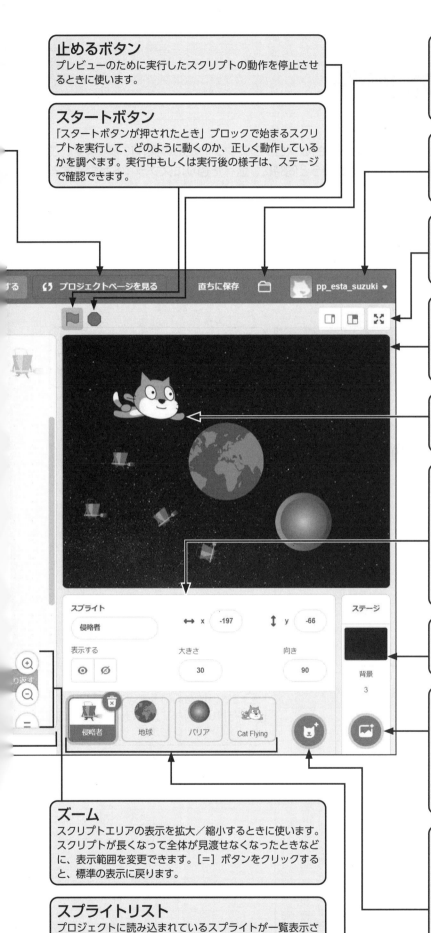

ステージ情報
ステージに表示されている背景のサムネイルと、プロジェクトに読み込まれている背景の数が表示されます。

背景ボタン
背景に関連するメニューを表示します。Scratchにあらかじめ用意されている背景を選んで読み込むときには、このメニューから「背景を選ぶ」を実行します。このほか、
・描く（ペイント機能を使って作成する）
・サプライズ（ランダムに背景を読み込む）
・背景をアップロード（パソコン内のファイルを読み込む）
といったことができます。

ズーム
スクリプトエリアの表示を拡大／縮小するときに使います。スクリプトが長くなって全体が見渡せなくなったときなどに、表示範囲を変更できます。[＝]ボタンをクリックすると、標準の表示に戻ります。

スプライトリスト
プロジェクトに読み込まれているスプライトが一覧表示されます。その時点で選択されているスプライトは青枠で強調表示されます。スプライトを切り替えるときは、ここでスプライトを指定します。

スプライトボタン
スプライトに関連するメニューを呼び出します。Scratchにあらかじめ用意されているスプライトを選んで読み込むときには、このメニューから「スプライトを選ぶ」を実行します。このほか、
・描く（ペイント機能を使って作成する）
・サプライズ（ランダムにスプライトを読み込む）
・スプライトをアップロード（パソコン内のファイルを読み込む）
といったことができます。

Scratchの基本操作

Scratchではブロックを並べていく操作が、最も基本的なプログラミングのための操作になります。ここでは実際にブロックを並べることで操作の感覚を養うと同時に、並べた通りにスプライトが動作することを確かめてみましょう。

操作 👉 ブロックを並べる

Step 1 スクリプトエリアにブロックをドラッグします。

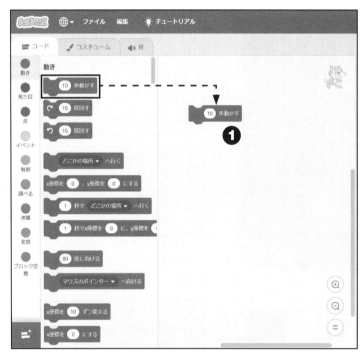

> ❶ブロックパレットの一番上にある「10歩動かす」ブロックをスクリプトエリアのどこかにドラッグします

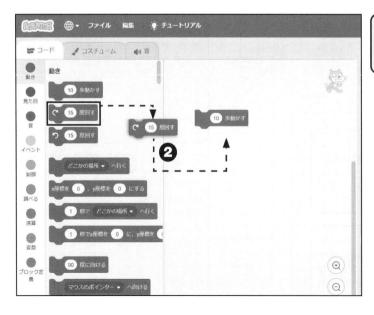

> ❷2番目にある「15度回す」ブロックを「10歩動かす」ブロックの下に向けてドラッグします。

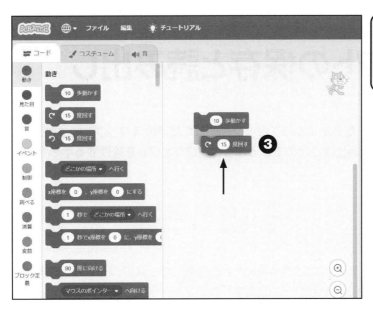

❸ 先に配置した「10歩動かす」ブロックの下のほうから近づけると、ぴたっとくっついたときの様子が影のように表示されます。

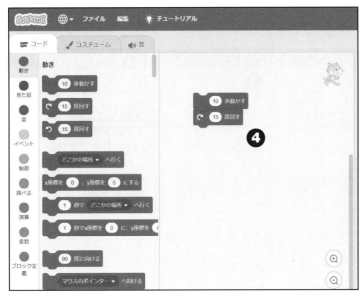

❹ そこでマウスボタンを離すと、2つのブロックがくっついて1つのスクリプトができます。

操作 並べたブロックの動作を確認

Step 1 スクリプトをクリックして動作を確認します。

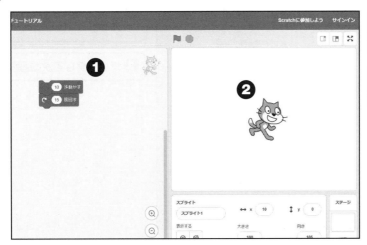

❶「10歩動かす」ブロックの「動かす」のあたりをクリックします。

❷ スプライトが少し移動して、わずかに回転したことを確認します。

プロジェクトの保存と読み出し

ここまでで作成したのは、たった2つのブロックを使っただけのスクリプトですが、これをプロジェクトとして保存し、あとで読み出すことのできるよう、プロジェクトを管理する手順を覚えましょう。

アカウントの作成

Scratchでは、作成したプロジェクトはインターネット上の専用スペースに保存するのが基本です。そのためにはScratchのアカウントが必要になります。ここではアカウントを作成し、有効化するところまでの手順を見てみましょう。

Step 1 [Scratchに参加しよう] をクリックします。

❶ 画面右上にある[Scratchに参加しよう] をクリックします。

💡 **ヒント**

すでにアカウントがある人はサインイン
Scratchのアカウントをすでに持っているという人は、[Scratchに参加しよう] ボタンの右にある [サインイン] をクリックし、画面の指示に従ってサインインします。

Step 2 ユーザー名とパスワードを指定します。

❶ ユーザー名を入力します。

❷ パスワードは同じものを2回入力します。

❸ クリックして次の画面へ進みます。

Step 3 居住地などの基本情報を入力します。

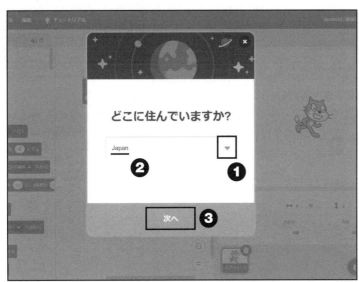

① クリックしてメニューを開きます。

② 開いたメニューから[Japan]をクリックします。

③ クリックして次の画面へ進みます。

④ 自分が生まれた年(西暦)と月をメニューを開いて選びます。

⑤ クリックして次の画面へ進みます。

⑥ 性別の中から当てはまるものを選びます。

⑦ クリックして次の画面へ進みます。

Step 4 メールアドレスを入力します。

❶ メールアドレスを入力します。

❷ クリックして次の画面へ進みます。

💡 ヒント

メールアドレスの入力

アカウントを作成しただけでは作品の共有機能は有効になりません。ここで入力したメールアドレスあてに、アカウントを認証するための確認メールが送られてきます。そのメールに書かれた手順に従って、アカウントを認証する必要があります。このため、ここではすぐにメールを確認できるアドレスを入力します。

❸ [終了] ボタンを押して、アカウント作成の画面を閉じます。

Step 5 サインインできたことを確認します。

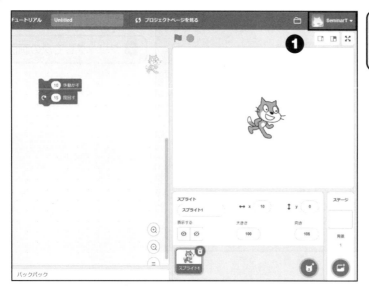

❶ エディター画面に戻ったら、画面右上にアカウント名が表示されていることを確認します。

Step 6 受信した確認メールを開きます。

❶送られてきた確認メールを開き、[アカウントを認証する] ボタンをクリックします。

プロジェクトの保存

サインインするとプロジェクトの保存が可能になります。手順としてはまずプロジェクト名を設定し、それから保存するというステップを踏みます。

操作 ☞ プロジェクト名を設定して保存

Step 1 プロジェクトに名前を付けましょう。

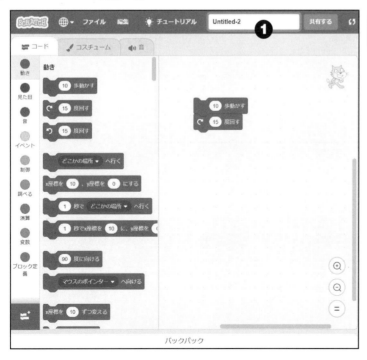

❶プロジェクトタイトル欄をクリックします。

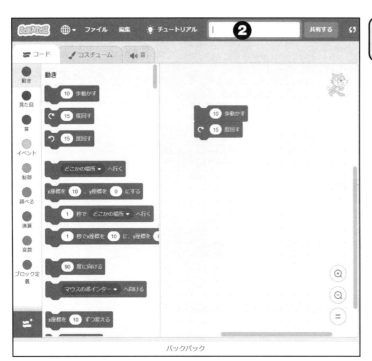

❷入力されている文字列を削除します。

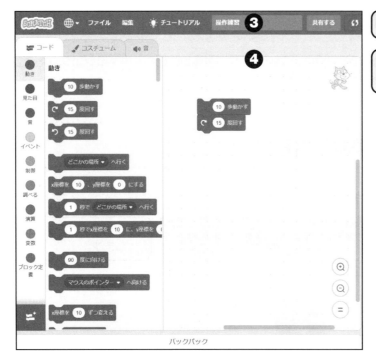

❸「操作練習」と入力します。

❹プロジェクトタイトル欄以外のどこかをクリックして確定します。

Step 2 ファイルメニューから保存を実行します。

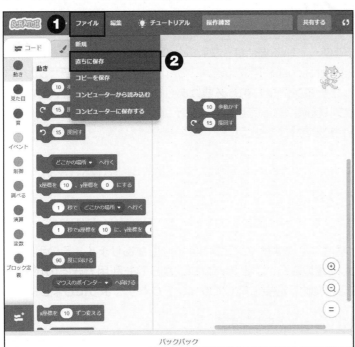

① メニューの［ファイル］をクリックします。

② 開いたメニューにある［直ちに保存］をクリックします。

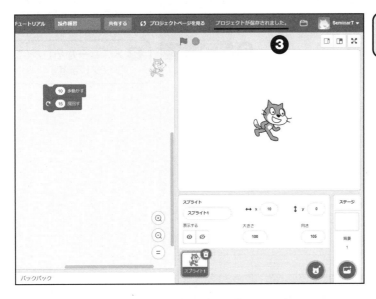

③ 保存が完了したとメッセージが表示されます。

④ 保存が完了したので次の作業に移れます。

サインアウトとサインイン

家族と共用しているパソコンなどで使っている場合は、Scratchの作業を中断するときにサインアウトしなければなりません。その後、もう一度Scratchを利用する際は、サインインし直す必要があります。自分専用のパソコンで利用する場合はわざわざサインアウトする必要はありませんが、OSやWebブラウザーのアップデートなどをきっかけにサインアウト状態になってしまい、サインインが求められることもあります。ここでは、サインアウトとサインインの手順を覚えましょう。

操作👉 Scratchからサインアウト

共用のパソコンで作業した場合などにはサインアウトする必要があります。その手順も見ておきましょう。Webブラウザーを使える環境ならば、どのパソコンからでも利用できるのがScratchのいいところ。自分のデータの安全を守るため、必要に応じてサインアウトするようにしましょう。

Step 1 [アカウント] メニューを開いてサインアウトします。

❶ 自分のアカウント名をクリックしてメニューを開きます。

❷ メニューから[サインアウト]をクリックします。

❸ サインアウトするとScratchのトップページに戻ります。

操作 👉 Scratchにサインイン

サインアウトした環境でもう一度自分のデータにアクセスするには、サインインが必要です。そのための手順も覚えておきましょう。

Step 1 トップページからサインインします。

❶ 画面上部にある[サインイン]をクリックします。

❷ ユーザー名とパスワードを入力します。

❸ [サインイン]ボタンを押します。

❹ サインインできました。

保存したプロジェクトを読み込む

サインインし直した場合や、作業中のプロジェクトとは別のものを編集しようとするような場合には、保存してあるプロジェクトを読み出す操作が必要です。

Step 1 フォルダーのアイコンをクリックします。

❶画面上部、右側にあるフォルダー
のアイコンをクリックします。

Step 2 プロジェクト一覧画面で目的のプロジェクトを選びます。

❶［私の作品］画面が表示されます。

❷「操作練習」を見つけたら［中を見
る］ボタンを押します。

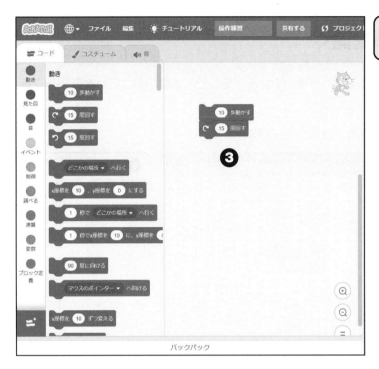

❸「操作練習」プロジェクトのスクリプトが読み込まれました。

💡 ヒント

見慣れないプロジェクト名が表示されることもある

[私の作品] 画面が開いたときに「untitled-XX」（XXの部分は数字）といった、見慣れないプロジェクトが表示されていることがあるかもしれません。今の時点では表示されていなくても、今後、たくさんの作品を作るようになるとこうしたプロジェクトが一覧に現れる可能性があります。

これは、17ページのような操作でプロジェクト名を設定する前に、Scratchにより自動的に保存されたプロジェクトです。プロジェクト名が未設定のため、仮の名前を付けて保存された状態だと思ってください。このような状態でいったん自動保存されると、プロジェクト名を変更するまでは仮の名前のまま、その後も自動的に保存されます。こうしたプロジェクトがあると、「untitled-」で始まるプロジェクトが自分の作品としてリストアップされるのです。

新規のプロジェクトを開く

「操作練習」のプロジェクトは本書ではもう使いません。そこで、本章のおさらいと第2章の準備を兼ねて、新しいプロジェクトを開いておきましょう。

Step 1 [ファイル] メニューから新規プロジェクトを開きます。

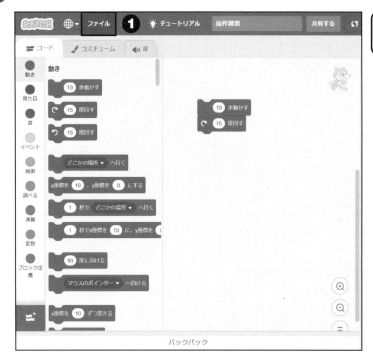

❶ メニューの[ファイル] をクリックします。

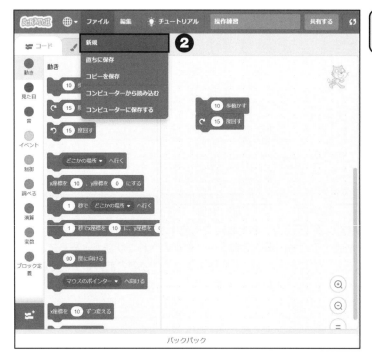

❷ 表示されたメニューにある[新規]をクリックします。

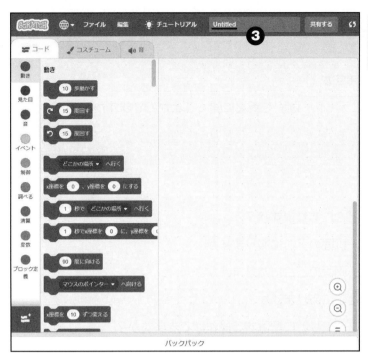

❸ 読み込まれていたスクリプトが消えて、新規のプロジェクトが開きました。

🛜 この章の確認

- ☐ ScratchのWebサイトは開けますか？
- ☐ Scratchのトップページからエディター画面を新規に開くことができますか？
- ☐ スクリプトとは何ですか？
- ☐ スプライトとは何ですか？
- ☐ ステージとは何ですか？
- ☐ カテゴリはエディター画面のどこにありますか？
- ☐ ブロックパレットはエディター画面のどこにありますか？
- ☐ スクリプトエリアはエディター画面のどこにありますか？
- ☐ ステージはエディター画面のどこにありますか？
- ☐ いずれかのブロックをスクリプトエリアに配置する操作はできますか？
- ☐ 2つ以上のブロックをくっつけて並べる操作はできますか？
- ☐ 作成したスクリプトの動作を確認することはできますか？
- ☐ Scratchのアカウントを作成しましたか？
- ☐ Scratchからのメールでアカウントを認証しましたか？
- ☐ プロジェクトに名前を付けることはできますか？
- ☐ プロジェクトを自分で保存する操作ができますか？
- ☐ Scratchからサインアウトできますか？
- ☐ Scratchにサインインできますか？
- ☐ 保存したプロジェクトを読み込むことはできますか？
- ☐ 作成中のプロジェクトを開いているときに、新規のプロジェクトを開く操作はできますか？

問題 1-1

自分で選んだ2つのブロックでスクリプトを作って動作を確認し、プロジェクトを保存しましょう。

1.　新規のエディター画面を開きます。

2.　プロジェクトに名前を付けます。プロジェクト名は自由に決めてかまいません。その際、これまでに作成したプロジェクト名と重複しないようにします。

3.　12～13ページの手順を参考に、任意の2つのブロックを使ってスクリプトを作ります。その際、「10歩動かす」ブロックと「15度回す」ブロックは使わないようにします。

4.　作成したスクリプトの動作を確認します。

5.　プロジェクトを保存し、新規のエディター画面を開きます。

※この問題に正解およびサンプルプログラムはありません。任意のブロックでスクリプトを作り、動作を確認する手順をおさらいしましょう。

 問題 1-2

自分で選んだ3つ以上のブロックでスクリプトを作って動作を確認し、プロジェクトを保存しましょう。

1.　新規のエディター画面を開きます。

2.　プロジェクトに名前を付けます。プロジェクト名は自由に決めてかまいません。その際、これまでに作成したプロジェクト名と重複しないようにします。

3.　12～13ページの手順を参考に、任意の3つもしくはそれ以上のブロックを使ってスクリプトを作ります。

4.　作成したスクリプトの動作を確認します。

5.　プロジェクトを保存し、問題1-1で保存したプロジェクトを読み込みます。

6.　動作を確認し、プロジェクトを正しく読み込めたことを確認します。

※この問題に正解およびサンプルプログラムはありません。任意のブロックでスクリプトを作り、動作を確認する手順およびプロジェクトを読み込む手順をおさらいしましょう。

第2章

順次処理と繰り返し

プログラムを実行する順番

作成したプログラムはどのように実行されるのでしょうか。これはScratchに限らず、ほぼすべてのプログラミング言語に共通しており、「上から順に実行される」がその答えです。これを「順次処理」(じゅんじしょり) といいます。

コンピューターに限らず、「プログラム」という言葉は日常生活でも出てきます。第1章で肩慣らしに作ったプログラム (スクリプト) を思い出してください。第1章では2つのブロックを並べました。これを実行したとき、どのようにスプライトが動作したかを思い出してください。まず最初に1番上のブロックの処理を実行し、次が2番目のブロックという順番、つまり上から順に各ブロックの処理内容を実行しました。ブロックを並べた順番が、スクリプトに記述した順番です。上から順に、つまり順次処理をしたことがわかります。

順次処理は日常生活でも見られます。たとえば運動会や結婚式、イベント、セミナーなどです。これらには式次第もしくはプログラムがあらかじめ決められており、それに従って順々に進められていきます。プログラミングもこれと同じです。あらかじめ決められた順番に従って処理が進んでいきます。この順番を決めるのが、処理の記述順であり、Scratchの場合はブロックを並べた順番になります。

順次処理のプログラミング

順次処理を意識してスクリプトを作ってみましょう。ブロックを並べた順に処理が進んでいくことを確認しながら作っていくことにより、順次処理というプログラム処理の基本の基本を感覚としてつかむことを目標にします。

ここでは以下のような順序でネコの画像を変化させるスクリプトを作成します。

処理の内容	使用するブロック
表示する位置を変える	「1秒でどこかの場所へ行く」ブロック
大きさを変える	「大きさを10ずつ変える」ブロック
色を変える	「色の効果を25ずつ変える」ブロック
セリフを付ける	「こんにちは！と2秒言う」ブロック
大きさを元に戻す	「大きさを100%にする」ブロック
色を元に戻す	「色の効果を0にする」ブロック

単にブロックを並べるだけでなく、ブロックによってはパラメーターを書き換えることで動作に変化を付けることができます。移動時間、大きさや色の変化の度合い、セリフを変更する方法もいっしょに覚えましょう。ここまでできたら、このスクリプトを作品として保存します。これは練習用のスクリプトです。この章を通じてひと通りスクリプトを作る方法を身に付けたら、自分で好きなブロックを選び、好きな順番で並べてみることもお薦めします。
ではまず最初の作業として、新規のスクリプトにプロジェクト名を付けるところから始めましょう。

最初に作品名を設定

第1章からそのまま学習を続けている人は新規のエディター画面が開いているはずです。あらためてここから学習を再開する人は、24ページを参考に「ファイル」メニューから新規のエディター画面を呼び出してください。この状態から以下の作業を進めます。

....

操作 👉 **プロジェクト名を変更する**

....

まず最初に、これから作るスクリプトのためにプロジェクト名を付けましょう。

Step 1 プロジェクトタイトル欄をクリックします。

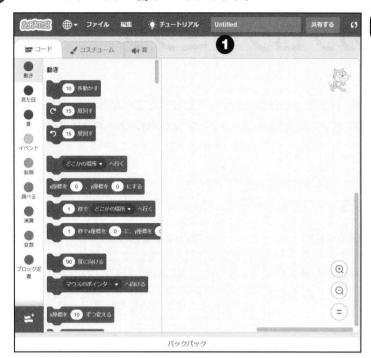

❶枠内のどこかをクリックします。

Step 2 プロジェクトタイトルを書き換えます。

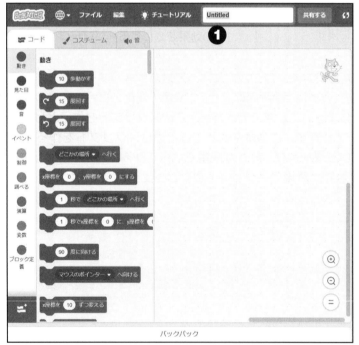

❶すでに入力されている文字列をすべて選択する

💡 ヒント

文字列の選択

ドラッグで文字列をすべて選択する、もしくは**Ctrl**＋**A**と入力するのいずれの方法でもかまいません。バックスペース（**BackSpace**もしくは**BS**）キーで文字列を削除してもいいでしょう。

Step 3 プロジェクト名を入力して確定します。

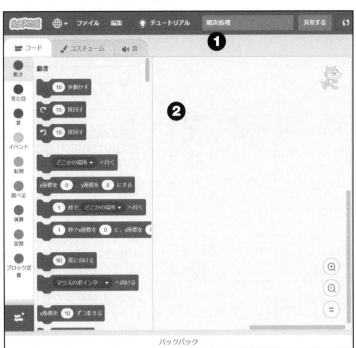

❶「順次処理」と入力します。

❷ プロジェクトタイトル欄以外の場所をクリックして確定します。

順次処理のプログラミング

ここから本格的にScratchのプログラミングを進めていきましょう。動作を小まめに確認しながら、順々にブロックを並べます。作成したスクリプトと見比べながら、順次処理が進んでいく様子を確かめます。

操作☞ スプライトを動かすブロックを配置する

Step 1「1秒でどこかの場所へ行く」ブロックを配置します。

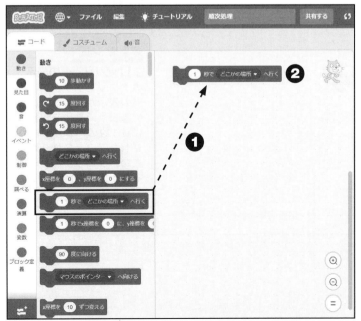

❶「1秒でどこかの場所へ行く」ブロックをドラッグします。

❷ スクリプトエリアでマウスボタンを離します。

💡 ヒント

「動き」カテゴリ

「1秒でどこかの場所へ行く」ブロックは「動き」カテゴリにあるブロックです。本来、目的のブロックを選ぶにはまずカテゴリを選んでブロックパレットの表示を変えるという手順を踏みますが、ここでの手順のように新しいエディター画面を開いた直後は「動き」カテゴリのブロックが選べるようになっています。このためカテゴリを選び直す必要はありません。

Step 2 ブロックの動作を確認します。

❶「1秒でどこかの場所へ行く」ブロックをクリックします。

❷スプライトの位置が変わったことを確かめます。

💡 ヒント

確認のためにクリックする位置
動作を確認するためにクリックする場所に注意しましょう。ブロックによっては変更可能な部分があります。ここをクリックすると、その内容を変更するための操作になってしまうため、動作の確認はできません。「1秒でどこかの場所へ行く」ブロックの場合は、「1」秒にあたる白地の部分と、「どこかの場所」を示す濃い青の部分は変更可能な領域です。それ以外の領域（明るい青）の部分をクリックします。なお、「どこかの場所へ行く」といったように位置が決まっていないような動作をするブロックの場合は、確認するたびに位置が変わります。このため、誌面とは異なる位置になる場合があります。

操作👉 大きさを変えるブロックを配置する

Step 1 「大きさを10ずつ変える」ブロックを配置します。

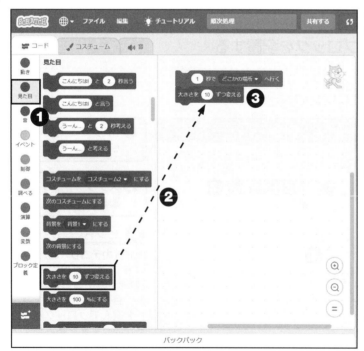

❶「見た目」カテゴリを選択します。

❷「大きさを10ずつ変える」ブロックをドラッグします。

❸「1秒でどこかの場所へ行く」ブロックの下に並べます。

💡 ヒント

ブロックパレットの表示
カテゴリをクリックするとブロックパレットの表示が変わるため、タブを切り替えているように見えるかもしれませんが、実際には1枚のパレットにカテゴリごとに分類されたブロックが一列に並んでいる状態のため、ブロックパレットをスクロールさせることにより目的のブロックを探すこともできます。

Step 2 ブロックの動作を確認します。

❶ 組んだブロックのいずれかをクリックします。

❷ スプライトが移動し、次に大きくなったことを確認します。

💡 **ヒント**

組んだスクリプトの動作確認

2つ以上のブロックが並んでいる場合、どのブロックをクリックしても、その先頭から最後のブロックまで順に動作します。

⚠ **重 要**　**単体のブロックで動作を確認する方法**

1つのブロック単体で動作を確認したい場合は、ブロックパレット上でクリックするか、スクリプトエリアの場合は、他のブロックにつながっていない状態でクリックします。スクリプトエリアで他のブロックとスクリプトを作成した状態の場合は、まず確認したい部分の先頭のブロックをドラッグしてスクリプトから切り離します。それから切り離したブロックをクリックすることで、スクリプトを部分的に動作確認することができます。

操作👉 **色を変えるブロックを配置する**

Step 1 「色の効果を25ずつ変える」ブロックを配置します。

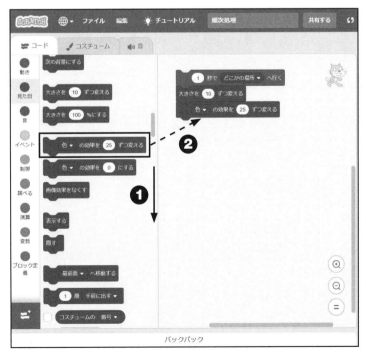

❶ ブロックパレットを下のほうにスクロールします。

❷ 「色の効果を25ずつ変える」ブロックをドラッグします。

💡 **ヒント**

ブロックパレットの表示

使用するパソコンなどの環境により、ブロックパレットにいくつのブロックが表示できるかが異なります。このため、どのくらいスクロールすればいいかも変わってきます。適宜、ご自分の環境に合わせて操作してください。

ブロックの動作を確認します。

❶ 組んだブロックのいずれかをクリックします。

❷ 最後に色がオレンジから黄緑に変わったことを確認します。

💡 ヒント　**ブロックの並びを修正する**

誤ってブロックを並べてしまった場合は、順番を変えたいブロックをスクリプト全体から切り離します。いったん切り離すことにより、正しい順番に並べ替えることができます。たとえば次の図のように「色の効果を25ずつ変える」ブロックを2番目にしてしまったような場合、以下の手順で修正します。

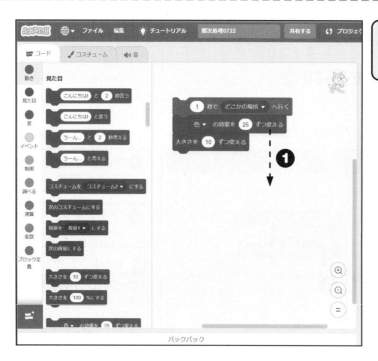

❶「色の効果を25ずつ変える」ブロックを下方向にドラッグして切り離します。

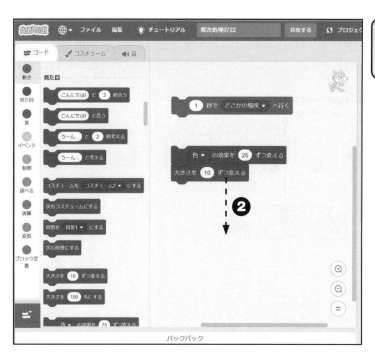

❷ その下の「大きさを10ずつ変える」
　ブロックを下方向にドラッグして切
　り離します。

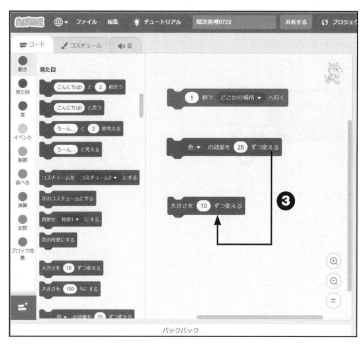

❸「色の効果を25ずつ変える」ブロッ
　クを「大きさを10ずつ変える」ブ
　ロックの下に並べます。

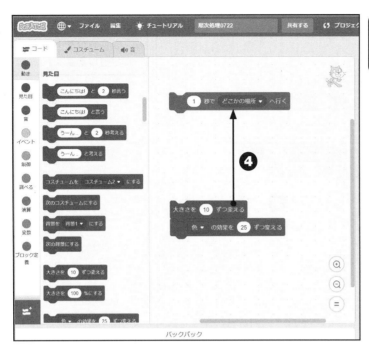

❹ 並べ直した2つのブロックを「1秒で
どこかの場所へ行く」ブロックの
下に並べます。

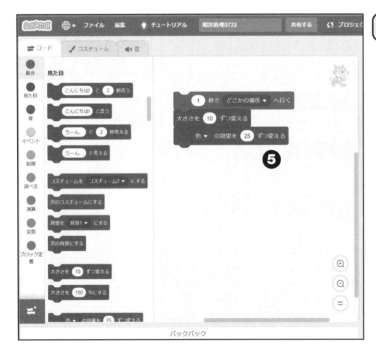

❺ スクリプトが修正できました。

💡 ヒント　**ブロックの間にブロックを挿入する**

ブロックは下に並べるだけでなく、上に追加することもできます。その際の手順は下に並べるときと同じです。
また、2つ以上並んだブロックの間にはさむように入れる（挿入する）こともできます。

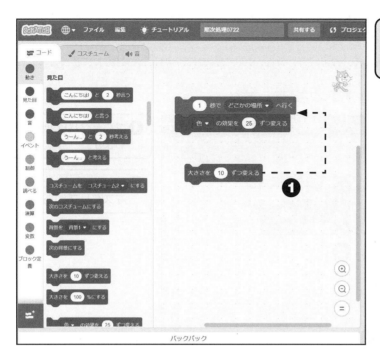

❶ 挿入するブロックを目的の場所（ブロックとブロックの境界線あたり）にドラッグします。

❷ ブロックとブロックの間に挿入できました。

操作 👉 セリフを表示する

Step 1 「こんにちは！と2秒言う」ブロックを配置します。

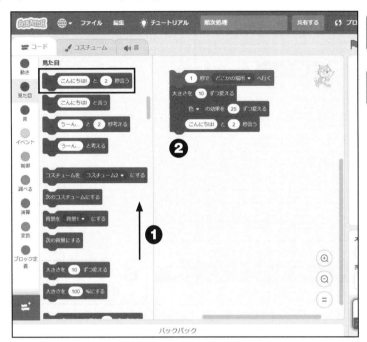

❶ ブロックパレットを上にスクロールします。

❷ 「こんにちは！と2秒言う」ブロックをスクリプトに追加します。

Step 2 ブロックの動作を確認します。

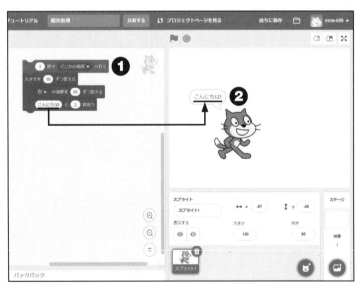

❶ 組んだブロックのいずれかをクリックします。

❷ 最後に「こんにちは！」と2秒間表示されることを確認します。

Step 1 「大きさを100%にする」ブロックを配置します。

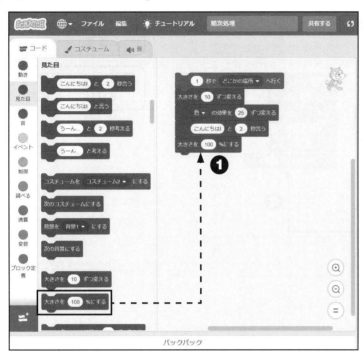

❶ 「大きさを100%にする」ブロック
をドラッグしてスクリプトに追加し
ます。

💡 ヒント

同じカテゴリにあるブロック

このブロックは、直前に追加した「こんに
ちは！と2秒言う」ブロックと同じ「見た
目」カテゴリにあります。このためカテゴ
リを変更する必要はありません。ただし、
環境によってブロックパレットをスクロー
ルしないと表示されないことがあります。

Step 2 ブロックの動作を確認します。

❶ 組んだブロックのいずれかをクリックします。

❷ 最後に大きさが元に戻ったことを
確認します。

操作 👉 色を元に戻す

Step 1 「色の効果を0にする」ブロックを配置します。

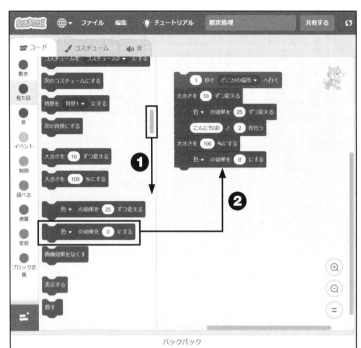

❶ ブロックパレットを下にスクロールします。

❷ 「色の効果を0にする」ブロックをスクリプトに追加します。

Step 2 ブロックの動作を確認します。

❶ 組んだブロックのいずれかをクリックします。

❷ 最後に色がオレンジに戻ったことを確認します。

パラメーターを変更する

『パラメーター』とは、各ブロックの変更可能な部分のことです。一般にプログラミング言語では「引数」(ひきすう) とも言います。各ブロックのパラメーターを変更することで、動作をきめ細かく設定することができます。ここまでで作成したスクリプトをカスタマイズし、動作がどのように変わったか確認してみましょう。

操作 👉 位置を変える際の移動時間を変更する

Step 1 「1秒でどこかの場所に行く」を「2秒でどこかの場所に行く」に変更します。

❶「1秒でどこかの場所に行く」ブロックの「1」の白地部分をクリックします。

❷「2」を入力します。

❸ Enterキーで決定します。

❗ 重要
数値を入力するときは半角で
このブロックの「1」秒、「2」秒のように、数値を入力する場合は必ず日本語入力をオフにして半角の数字で入力します。全角の数字ではScratchが数値として認識しないため、スクリプトは正しく動作しません。

Step 2 変更後の動作を確認します。

❶ 組んだブロックのいずれかをクリックします。

❷ 最初に位置を変える際の移動時間が2秒になったことを確認します。

操作 👉 大きさが50ずつ変わるように変更する

Step 1 「大きさを10ずつ変える」を「大きさを50ずつ変える」に変更します。

❶ 「10」と表示されている白地の部分をクリックします。

❷ 「50」を入力します。

❸ Enterキーで決定します。

💡 ヒント

動作を確認する

これまで同様、それぞれのパラメーターを書き換えるごとに組んだブロックのいずれかをクリックし、変更した通りの動作になっていることを確認しましょう。

操作 👉 色の変化、セリフも変更する

Step 1 「色の効果を25ずつ変える」を「色の効果を100ずつ変える」に変更します。

❶ 「25」と表示されている白地の部分をクリックします。

❷ 「100」を入力します。

❸ Enterキーで決定します。

Step 2 「こんにちは！と2秒言う」を「おはよう！と2秒言う」に変更します。

❶「こんにちは！」と表示されている白地の部分をクリックします。

❷「おはよう！」を入力します。

❸ Enterキーで決定します。

作成したスクリプトを作品として保存する

スプライトを元通りの大きさと色に戻すようにブロックを並べたところまでできました。簡単なスクリプトですが、これも立派な作品です。このスクリプトをプロジェクトとして保存しましょう。なお、ここで保存したプロジェクトはあとでもう一度利用します。

操作👉 作品を保存する

Step 1 「直ちに保存」を実行します。

❶ メニューバーの[ファイル]をクリックします。

❷［直ちに保存］をクリックします。

❶「プロジェクトを保存中」という
　メッセージが一瞬表示されます。

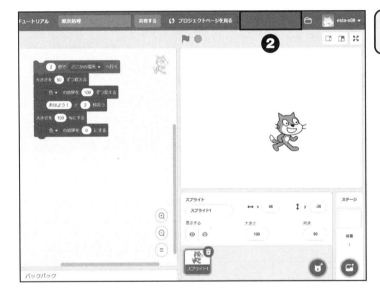

❷表示が消えたら、保存が完了した
　ことがわかります。

同じ処理の繰り返し

プログラミングでは、同じ処理を繰り返す場面が頻繁に出てきます。これを実現するには繰り返す数だけ同じ処理を記述すればいいのですが、それは効率的ではありません。数回ならばそれでも大した手間ではないかもしれませんが、数十回や数百回もしくはそれ以上となったら、同じ記述をその回数分記述するのは現実的ではありません。

そのためにプログラミング言語は「繰り返し処理」と呼ばれる仕組みを持っています。Scratchの基本的な繰り返し処理は2種類あります。回数を指定して繰り返す方法と、回数を指定せずずっと同じ処理を繰り返す方法です。

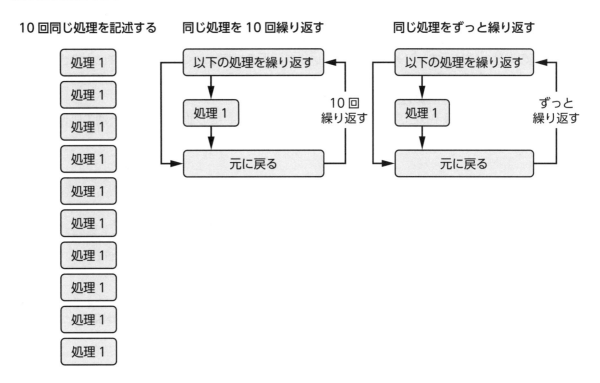

この図では処理1を繰り返していますが、実際には別の処理として処理2、処理3を続けて記述し、複数の処理をまとめて繰り返すこともできます。

なお、同じ処理をずっと繰り返すだけではプログラムが終了しません。このため、ずっと繰り返す処理は第3章で学ぶ条件分岐などと組み合わせることで、繰り返すタイミングをどこかで終わらせるといったスクリプトにするケースがあります。

Scratchでの繰り返し

Scratchには繰り返し処理をするためのブロックが用意されています。「10回繰り返す」ブロックと「ずっと」ブロックなどです。

10回繰り返す 　　　　　　ずっと

これまでに使ったブロックとは少し形が違っていることに注目してください。いずれも、逆向きのコの字型になっており、右側に口を開けたような形になっています。実は、コの字の上の横棒が前ページの図でいう「以下の処理を繰り返す」の役割を果たしています。下の横棒はよく見ると、右端に上向きの矢印表示されています。これが「元に戻る」の役割を果たしています。この間の空いているところに何らかのブロックを並べることにより、その処理を繰り返すというわけです。

並べるブロックは1つとは限りません。いくつ並べても、その並びに従って一連の処理を実行し、再び先頭に戻って同じ処理を繰り返すという動作をします。

「1秒でどこかの場所へ行く」の繰り返し処理

Scratchで同じ処理を繰り返し実行するスクリプトを作ってみましょう。まずは「1秒でどこかの場所へ行く」処理を10回繰り返す場合を考えてみます。

順次処理がプログラムで処理が進む原則ですから、「1秒でどこかの場所へ行く」ブロックを10個並べれば、10回繰り返すことができます。まずは実際に10回並べるところから試してみましょう。そのためには新しいエディター画面を開き直すところから始めます。

操作👉 新しいプロジェクトの準備

Step 1 新規プロジェクトを立ち上げます

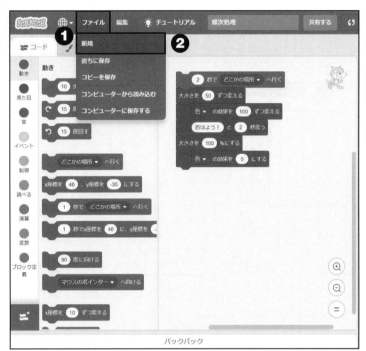

❶ メニューの「ファイル」をクリックします。

❷ 開いたメニューにある「新規」をクリックします。

❸ 新規のプロジェクトが開きます。

Step 2 作品にタイトルを付けます。

❶ すでに入力されている文字列をすべて選択します。

❷ 「繰り返し」と入力します。

❸ タイトル欄以外のどこかをクリックします。

操作👉 同じブロックを並べた繰り返し処理

Step 1 「1秒でどこかの場所へ行く」ブロックを配置します。

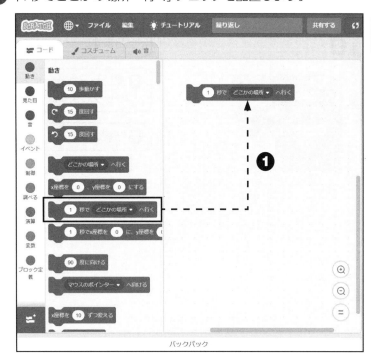

❶「1秒でどこかの場所へ行く」ブロックをドラッグして配置します。

・同じ手順でブロックを並べていきます。

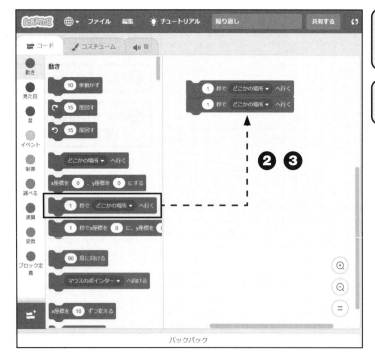

❷2個目の「1秒でどこかの場所へ行く」ブロックを1個目の下につなげます。

❸3個目以降も同様の手順でつなげます。

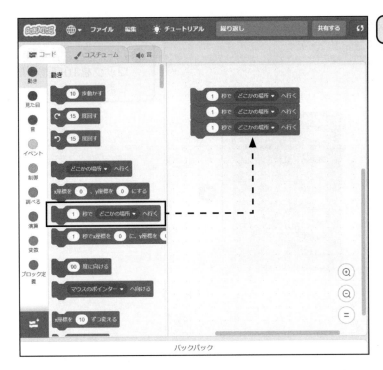

3個並べた状態

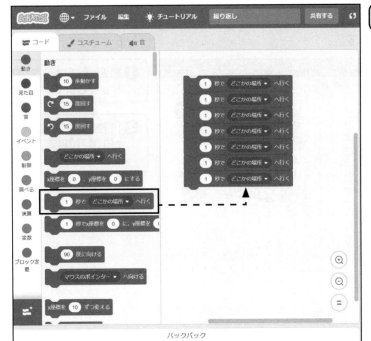

7個並べた状態

Step 2 10個の「1秒でどこかの場所へ行く」ブロックのスクリプトを作ります。

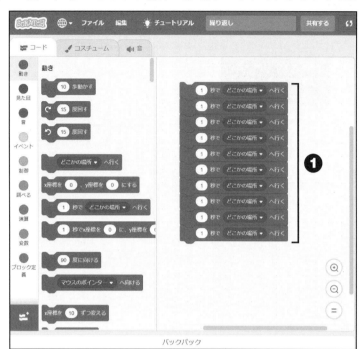

❶「1秒でどこかの場所へ行く」ブロックを10個並べたスクリプトにします。

Step 3 ブロックの動作を確認します。

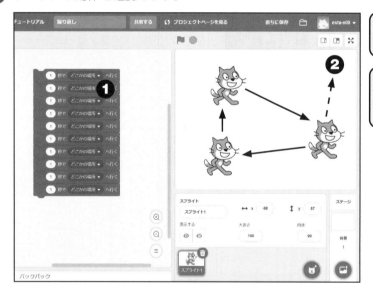

❶組んだブロックのいずれかをクリックします。

❷「1秒でどこかの場所へ行く」動作が10回連続で行われたことを確認します。

繰り返し用のブロックを使ったスクリプト

このように10個程度なら少々手間がかかるくらいなので、ブロックを繰り返しの数だけ並べるのも大した手間ではないかもしれません。でも、これが100個、1000個となると、ドラッグ操作も大変だし、並べたブロック数を間違う可能性もあります。

そこで、10回に限らず何回であっても正確に繰り返すことができるよう、「10回繰り返す」ブロックを使ってみましょう。

Step 1 「10回繰り返す」ブロックを配置します。

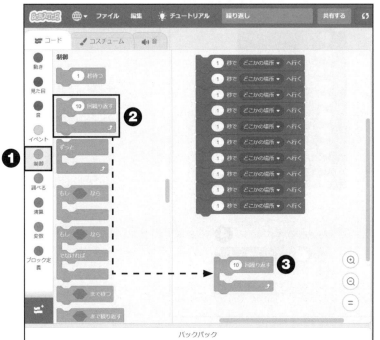

❶「制御」カテゴリを選びます。

❷「10回繰り返す」ブロックをドラッグします。

❸スクリプトエリアの空いているスペースに配置します。

💡 ヒント

「10回繰り返す」ブロックの配置
先に作成した「1秒でどこかの場所へ行く」ブロックを10個並べたスクリプトに近すぎると、くっついてしまうことがあります。このスクリプトとは離れた位置に配置するように注意しましょう。

Step 2 「1秒でどこかの場所へ行く」ブロックを配置します。

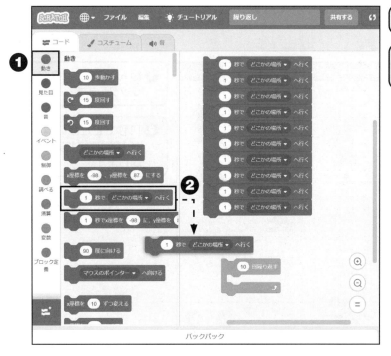

❶「動き」カテゴリを選択します。

❷「1秒でどこかの場所へ行く」ブロックをドラッグします。

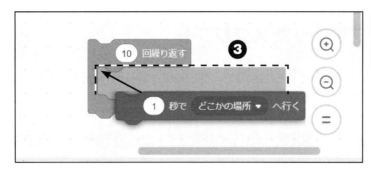

❸ 「10回繰り返す」ブロックの中に入れるように持っていき、マウスボタンを離します。

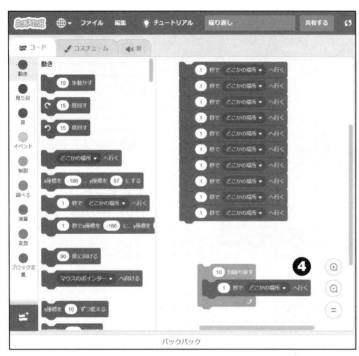

❹ 「10回繰り返す」ブロック内に「1秒でどこかの場所へ行く」ブロックを配置できました。

. . . .

操作☞ 繰り返し動作を確認

. . . .

Step 1 ブロックの動作を確認します。

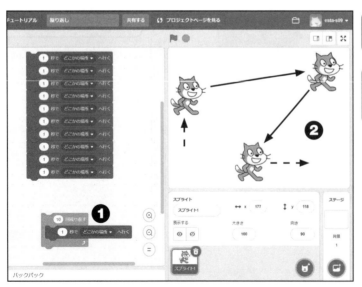

❶ 組んだブロックのいずれかをクリックします。

❷ 「1秒でどこかの場所へ行く」動作が10回連続で実行されたことを確認します。

操作 ☞ 回数を100回に変更

「10回繰り返す」ブロックを使う利点のひとつは、繰り返す回数を簡単に変更できることです。ここでは100回繰り返すように設定してみましょう。

Step 1 「10回繰り返す」を「100回繰り返す」に変更します。

❶ 「10回繰り返す」ブロックの「10」の白地部分をクリックします。

❷ 「100」を入力します。

❸ 組んだブロックのいずれかをクリックします。

❹ 100回連続で行われたことを確認します。

💡 ヒント
100回の動作を確認する
実際には100回「どこかの場所へ行く」ことを確認するのは簡単ではありません。10回を大きく超えて連続動作していることがわかれば、確認できたと見なしていいでしょう。

「ずっと」ブロックの使い方

プログラムによっては、繰り返す回数をあらかじめ決められないことがあります。その場合には、「ずっと」ブロックを使います。「ずっと」ブロックの動作を確認する際には、動作を手動で止める必要があります。

Step 1 「ずっと」ブロックを配置します。

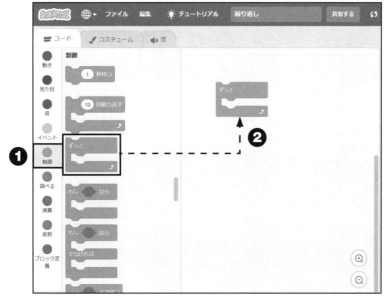

❶ 「制御」カテゴリを選びます。

❷ 「ずっと」ブロックをスクリプトエリアにドラッグします。

💡 ヒント
スクリプトエリアをスクロール
前の図のようにスクリプトエリアに空いている場所がなくなった場合は、スクリプトエリアの右側もしくは下側のスクロールバーを操作して、空いている場所を表示します。環境によりスクリプトエリアの見える範囲に並べられるブロックの数は変わってくるので、適宜、自分の環境に合わせて表示範囲を調整しましょう。

Step 2 「1秒でどこかの場所へ行く」ブロックを配置します。

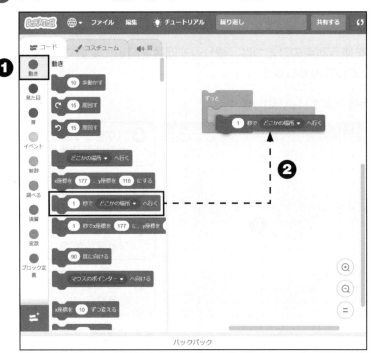

① 「動き」カテゴリを選択します。

② 「1秒でどこかの場所へ行く」ブロックを「ずっと」ブロックの中にドラッグします。

Step 3 連続で動作することを確認します。

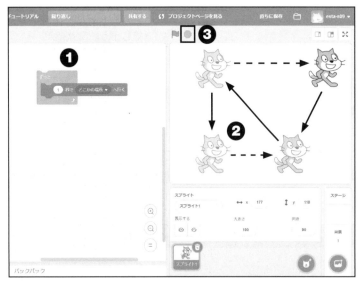

① 組んだブロックのいずれかをクリックします。

② スプライトが連続で移動することを確認します。

③ [止める] ボタンをクリックして動作を止めます。

💡 ヒント

ずっと繰り返す動作を確認する
このスクリプトでは繰り返す動作は自動では止まりません。動作が連続していれば正しく動いていると確認できます。確認できたら、[止める] ボタンで動作をストップさせます。

操作👉 作品の保存と読み込み

ここで、先ほど順次処理を学習する際に作ったスクリプトを改造して、同じ動作を繰り返すように作り替えてみましょう。そのためにいったん繰り返し処理のスクリプトを保存し、本章の冒頭で順次処理を学ぶ際に作ったスクリプトを呼び出します。

Step 1 プロジェクトを保存します。

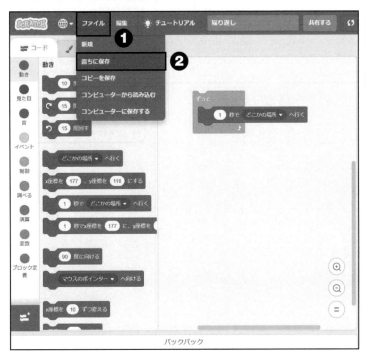

❶ メニューの[ファイル]をクリックします。

❷ [直ちに保存]をクリックします。

Step 2 保存したプロジェクトを読み出します。

❶ フォルダーのアイコンをクリックします。

❷ 保存した作品が一覧表示されます。

💡 ヒント

作品名に「untitled-XX」がある場合

ここでは別のプロジェクトを開くために「直ちに保存」を実行しましたが、通常Scratchはプロジェクトを自動保存するため、ユーザーが保存する操作をする必要はありません。その際、プロジェクト名を初期状態から変更せずにスクリプトを作成すると、プロジェクト名は「untitled-」に続けて数字という組み合わせの名前が自動的に付けられます。

私の作品

＋新しいプロジェクト ＋新しいスタジオ

並べ替える ▼

🐱	**Untitled** 最終更新: 1分未満 前 [中を見る]	削除
🐱	**繰り返し** 最終更新: 約1分 前 [中を見る]	削除
🐱	**順次処理** 最終更新: 19分 前 [中を見る] ❸	削除

もっと読み込む

❸ 以前に保存した「順次処理」を探し、[中を見る] ボタンをクリックします。

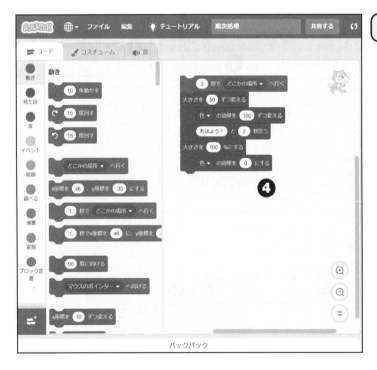

❹ 「順次処理」が開きました。

「順次処理」を繰り返し処理に改変

先に作った順次処理の動作をずっと繰り返すように変更してみましょう。これは、先に繰り返す対象のスクリプトを作成しておいて、それを「10回繰り返す」ブロックや「ずっと」ブロックに組み込むような作り方に応用できるやり方です。

操作 「ずっと」ブロックを追加

Step 1 「ずっと」ブロックを配置します。

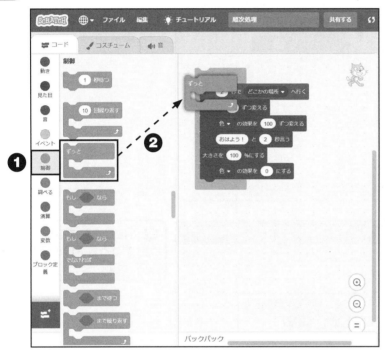

❶ [制御] カテゴリを選びます。

❷ 「ずっと」ブロックを順次処理のスクリプトに向けてドラッグします。

💡 ヒント

「ずっと」ブロックを近づけたときの表示

「ずっと」ブロックを既存のブロックに近づけると、どのように「ずっと」ブロックが配置できるかを予測した表示になります。その配置が適切なら、そこでマウスボタンを離します。

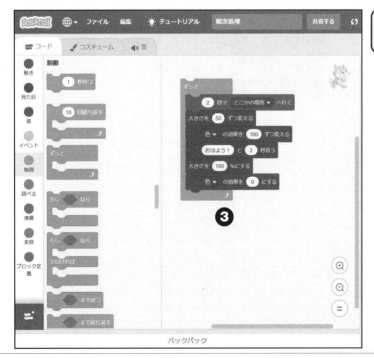

❸ 順次処理のブロックが「ずっと」ブロックに組み込まれました。

誤った位置に「ずっと」ブロックを配置してしまった場合

ドラッグした位置によっては、誤った場所に挿入するブロックが配置されてしまうことがあります。ここでは、「ずっと」ブロックに順次処理の3番目以降のブロックが組み込まれ、上2つのブロックがそのままになってしまった場合にどのように修正するか、その手順を紹介します。

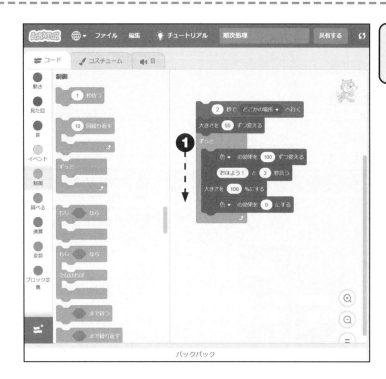

❶ 途中に挿入されてしまった「ずっと」ブロックを下方向にドラッグします。

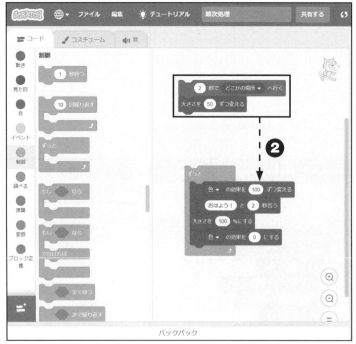

❷ 外に残されてしまったブロックを「ずっと」ブロックの中にドラッグします。

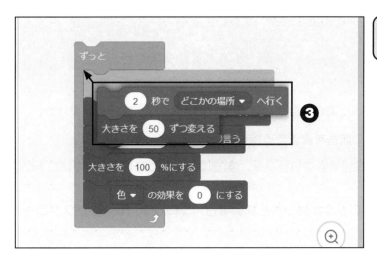

❸「ずっと」ブロックの中で位置を合わせてマウスボタンを離します。

❹正しいブロックの配置になったことを確認します。

🛜 この章の確認

☐ 順次処理について理解しましたか？

☐ 複数のブロックをつなげて並べた場合、原則としてどのブロックから実行されますか。

☐ スクリプトに並べたブロックの順番を修正する操作はできますか？

☐ 3個目以降のブロックとして追加するブロックを、すでにつながっている2個のブロックの間に挿入することはできますか？

☐ ブロックパレットに目的のブロックが見つからない場合、ブロックパレットをスクロールして探すことはできましたか？

☐ 「大きさを10ずつ変える」ブロックなどで変更したスプライトの大きさを、最初の大きさに戻すにはどのカテゴリにある何というブロックを使いますか？

☐ 「色の効果を25ずつ変える」ブロックなどで変更したスプライトの色を、最初の色に戻すにはどのカテゴリにある何というブロックを使いますか？

☐ 「1秒でどこかに行く」ブロックの移動時間を2秒にするには、どのように操作しますか？

☐ 「こんにちは！と2秒言う」ブロックでメッセージを「おはよう！」にするには、どのように操作しますか？

☐ 同じ処理を5回繰り返したい場合、どのカテゴリにある何というブロックを、どのように変更して使いますか？

☐ 回数を問わずに同じ処理を繰り返したい場合、どのカテゴリにある何というブロックを使いますか？

☐ 「10回繰り返す」ブロックや「ずっと」ブロックの中にブロックを追加する操作は理解できましたか？

☐ すでに作った順次処理のスクリプトを、10回繰り返すように変更できますか？

復習問題 問題 2-1

プロジェクト「順次処理」で作ったスクリプトを、以下の手順で処理する順番を変えてみましょう。

1. 保存したプロジェクトから「順次処理」を開きます。

2. ［ファイル］メニューから［コピーを保存］を選びます。

3. プロジェクトに名前を付けます。プロジェクト名は自由に決めてかまいません。その際、これまでに作成したプロジェクト名と重複しないようにします。

4. 「色の効果を25ずつ変える」ブロックを「ずっと」ブロック内の先頭に持ってきます。

5. 「1秒でどこかの場所へ行く」ブロックを「ずっと」ブロック内の4番目に持ってきます。

6. 「こんにちは！と2秒言う」ブロックを「ずっと」ブロック内の2番目に持ってきます。

7. 「大きさを10ずつ変える」ブロックを「ずっと」ブロック内の3番目に持ってきます。

8. いずれかのブロックをクリックして、動作を確認しましょう。

※ブロックの順番を変える際、対象のブロックがすでに指定した順番にある場合は何もしなくてかまいません。

復習問題 問題 2-2

プロジェクト「順次処理」で作ったスクリプトを、以下の手順で自分の好きように変更し、動作を確認してみましょう。

1. 保存したプロジェクトから「順次処理」を開きます。

2. ［ファイル］メニューから［コピーを保存］を選びます。

3. プロジェクトに名前を付けます。プロジェクト名は自由に決めてかまいません。その際、これまでに作成したプロジェクト名と重複しないようにします。

4. ブロックを並べ替える操作で、自分の好きな順番に並べ替えてみましょう。

5. 動作がどのように変わるか思い浮かべながら、各ブロックのパラメーターを変更してみましょう。

6. いずれかのブロックをクリックし、自分が思った通りの動作になっているか確認しましょう。

※順番を変える際は、「ずっと」ブロックの外に出してもかまいません。ただし、「ずっと」ブロックの下側につなげてもそのブロックは動作しません。「ずっと」ブロックの上につなげることをお薦めします。

元に戻すブロックを処理から外すとどうなるか、動作を想像してから確認しましょう。

1. 保存したプロジェクトから「順次処理」を開きます。

2. ［ファイル］メニューから［コピーを保存］を選びます。

3. プロジェクトに名前を付けます。プロジェクト名は自由に決めてかまいません。その際、これまでに作成したプロジェクト名と重複しないようにします。

4. 「色の効果を0にする」ブロックを「ずっと」ブロックの外に出すようにドラッグし、スクリプトから切り離します※。

5. 「ずっと」ブロックをクリックして動作を確認します。

6. ［止める］ボタンで停止します。

7. 「大きさを100％にする」ブロックを「ずっと」ブロックの外に出すようにドラッグし、スクリプトから切り離します※。

8. 「ずっと」ブロックをクリックして動作を確認します。

9. ［止める］ボタンで停止します。

10. 手順3で切り離した「色の効果を0にする」ブロックと、手順7で切り離した「大きさを100％にする」ブロックを「ずっと」ブロック内の末尾に戻します。

11. 「ずっと」ブロックをクリックして動作を確認します。

12. ［止める］ボタンで停止します。

※切り離したブロックは、スクリプトエリア内の空いているところに配置します。その際、「ずっと」ブロックとはつなげないようにします。

第3章

真偽値と条件分岐

Scratchに判断させるには

前章で学んだ「繰り返し」と並んで重要な機能が「条件分岐」です。これは「ある条件」をプログラム内で設定しておくと、プログラムを実行したときにその条件が満たされているかどうかをScratchが判断します。プログラムを作成するときには、条件を設定すると同時に条件が満たされたときの処理も作っておきます。すると、条件が満たされているときは、自動的に決められた処理が行われます。

ユーザーからすれば、プログラムによりパソコンが自分で判断して、自動で処理を実行したように見えます。かなりコンピュータープログラムらしい動作になるというイメージを持たれるのではないでしょうか。

Scratchをはじめとするプログラミング言語は、この「条件を満たしているかどうか」を表す専用の値を持っています。これを一般に真偽値と言います。条件分岐の処理を作成するのに、真偽値の理解は不可欠です。本章では、真偽値とその取り扱いを学び、それを生かして条件分岐のスクリプトをどのように作ればいいのかを見ていきましょう。

■ 真偽値

条件の表し方はプログラミング言語によってさまざまですが、条件に合っているかどうかをどう表すかは、多くのプログラミング言語で共通しています。ここで一般にプログラムがどのように判断するか、その順番を見てみましょう。

ここでは、自分が「仕事中である」かどうか判断するプロセスを見てみましょう。この場合「仕事中である」が条件になります。

この条件を判断するとき、平日の日中で仕事をしていれば、条件は満たされています。このとき、プログラムはこの条件の判断結果は「true」であると表現します。

一方、平日でも夜になってすでに業務を終えていたり、休日だったりすれば日中であったりしても、仕事はしていません。そのときに判断すると、この条件は満たされていません。このときプログラムはこの条件は「false」であると表現します。

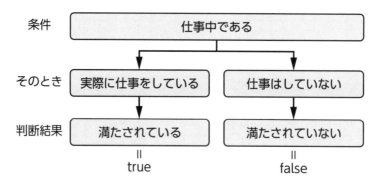

どのような条件であれ、満たされていれば「true」、満たされていなければ「false」です。「true」のことを日本語では「真」と表します。「false」のことは「偽」と表します。この「true」と「false」はプログラムが取り扱える値の一種として取り扱われ、2つをまとめて「真偽値」と言います。

Scratchには真偽値を扱うブロックがたくさん用意されています。本章では、いくつかの例を取り上げますので、Scratchではどのような条件を作成できて、どのような判断に使うのか、実際に試してください。

■ 条件分岐

設定した条件が満たされているかどうかで、異なる処理をできるようにした仕組みが「条件分岐」
です。

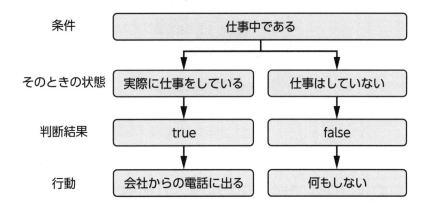

真偽値のところで挙げた例に則して説明すると、条件が「仕事中である」に対して、そのときの
状態で判断結果が出ます。それに応じて、どのように行動するかを決めておき、それを実行する
のが条件分岐です。

これをもう少しプログラムの流れとして説明しましょう。

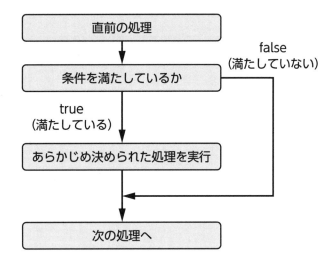

プログラムとしては、falseのときの処理を決めておくこともできます。「何もしない」だけではな
く、trueのときとは別の処理をすることができます。

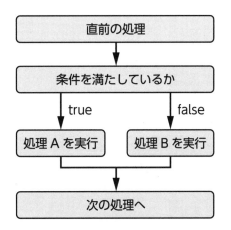

■ Scratchの条件分岐ブロック

Scratchには基本的な条件分岐用のブロックとして、「もし～なら」ブロックと、「もし～なら　でなければ」ブロックが用意されています。

いずれのブロックでも、条件はブロックの1行目にある濃い色の六角形のところに、条件を示した真偽値のブロックを挿入して使います。その下にある逆コの字型のスペースに、条件が満たされたとき、あるいは満たされなかったときの処理を記述したスクリプトを作成します。

「もし～なら」ブロックを使うと、条件を満たす場合に実行する処理を備えたスクリプトを作成できます。このブロックでは、条件を満たさない場合には何もしません。一方、「もし～なら　でなければ」ブロックは、条件に満たさない場合の処理もスクリプトにすることができます。本章ではその使い分けの実例もご紹介します。

Scratchの真偽値

Scratchには真偽値を扱うブロックが用意されています。ここでは、どのようなブロックを使うと真偽値を扱えるかを知るとともに、そうしたブロックがどのように真と偽を判断しているのかを実際に試してみましょう。

操作 👉 新しいプロジェクトを用意する

ここからは、真偽値を取り扱うブロックを使って、真と偽をどう見分けているのかを見ていきます。その準備として、新しいプロジェクトを用意しましょう。

Step 1 新規のエディター画面でプロジェクト名を入力します。

❶ 新規のエディター画面を開きます。

💡 ヒント
新規のエディター画面
トップページを開いて[作る]をクリックするか、すでに何らかのプログラムを開いている場合は[ファイル]メニューから[新規]をクリックします。

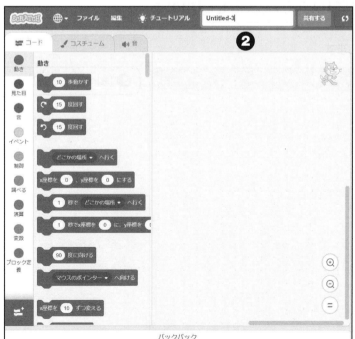

❷ プロジェクトタイトル欄をクリックします。

💡 ヒント
初期状態のプロジェクト名
新規のエディター画面を開くと、プロジェクト名にはあらかじめ「untitled-」に続けて数字という組み合わせの名前が付けられています。この数字の部分は環境により異なります。

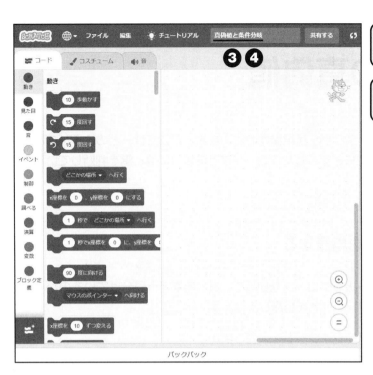

❸「真偽値と条件分岐」と入力します。

❹ プロジェクトタイトル欄以外の領域をクリックして確定します。

真偽値を扱うブロック

真偽値を扱うブロックは主として [調べる] カテゴリと [演算] カテゴリに並んでいます。ここでは [調べる] カテゴリのブロックを実際に使ってみましょう。

操作☞ 「キーが押された」ブロックで真偽値を確かめる

Step 1 [調べる] カテゴリに移動します

❶ [調べる] カテゴリを選択します。

Step 2 「スペースキーが押された」ブロックを選びます。

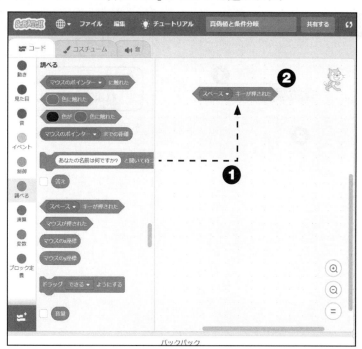

❶ ブロックパレットから「スペースキーが押された」ブロックを選んで、ドラッグします。

❷ スクリプトエリアの任意の場所にドロップして配置します。

Step 3 「右向き矢印キーが押された」ブロックに変更します。

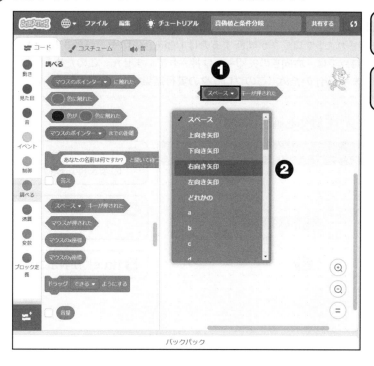

❶ ▽の印がある「スペース」欄をクリックします。

❷ 開いたメニューから[右向き矢印]をクリックします。

Step 4 「右向き矢印キーが押された」ブロックの動作を確認します。

❶「キーが押された」の部分をクリックします。

❷ブロックの下側に「false」が表示されます。

⚠ **重要** 　「false」が表示される理由

ここで「右向き矢印キーが押された」ブロックが判断するのは「右向き矢印キーが押されているかどうか」です。このブロックをクリックした時点では、右向きの矢印キーは押されていません。このため「右向き矢印キーが押された」は成立していない、つまり「偽」のため、このブロックの実行結果は「false」となります。

Step 5 →キーを押しながらクリックして動作を確認します。

❶キーボードの→キーを押します（そのまま押し続けます）。

❷→キーを押したまま「キーが押された」の部分をクリックします。

❸「true」が表示されます。

重要

「true」が表示される理由

Step4とは異なり、今度は「右向き矢印キーが押された」ブロックをクリックした時点で、→キーが押されています。このため「右向き矢印キーが押された」は成立しているため、この条件は「真」になり、このブロックの実行結果は「true」となります。

条件分岐のスクリプト

「スペースキーが押された」のように真偽値を扱うブロックは、「もし～なら」などのブロックの中で、「～なら」の部分に使います。これが条件になるわけです。スクリプトを実行し、該当するブロックが動作した時点で、条件にマッチしているなら真偽値は「真」となり、条件が真のときのスクリプトが実行されます。条件にマッチしていないなら真偽値は「偽」となり、何も実行されなかったり、「偽」のとき用のスクリプトが実行されたりといったように、真偽値の結果で実行結果が変わってくるようなスクリプトを作れるようになります。まずはごく簡単なスクリプトで、条件分岐がどのように働くかを確かめてみましょう。

操作 👉 「もし～なら」ブロックを使った条件分岐のスクリプトを作る

「もし～なら」ブロックの「～」の部分は、濃い黄色の六角形の領域になっています。ここに六角形の「右向き矢印キーが押された」ブロックを組み込むことで、条件分岐の条件を設定します。

Step 1 [制御] カテゴリから「もし～なら」ブロックを配置します。

❶ [制御] カテゴリをクリックします。

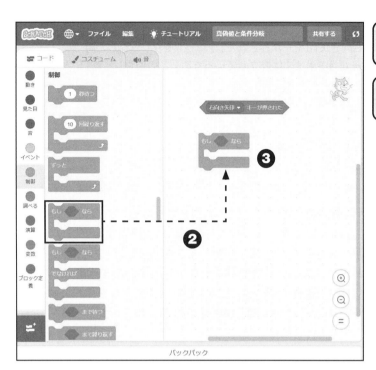

❷「もし～なら」ブロックをドラッグします。

❸スクリプトエリアの任意の場所に配置します。

Step 2 「右向き矢印キーが押された」ブロックを条件部分に組み込みます。

❶「右向き矢印キーが押された」ブロックを「もし～なら」ブロックの「～」にあたる、六角形の領域に向けてドラッグします。

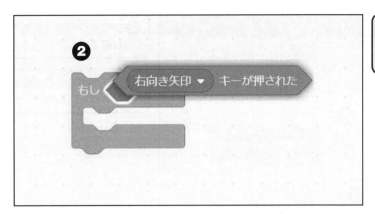

❷ 条件の領域に近づけると、その枠が白く反応するのでマウスボタンを離します。

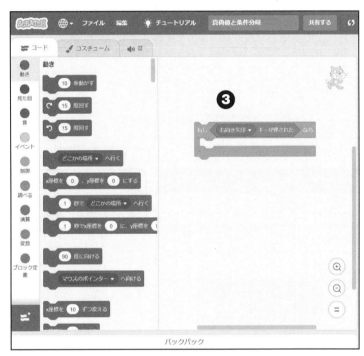

❸ 条件部分に「右向き矢印キーが押された」ブロックを組み込むことができました。

Step 3 「x座標を10ずつ変える」ブロックを動作部分に組み込みます。

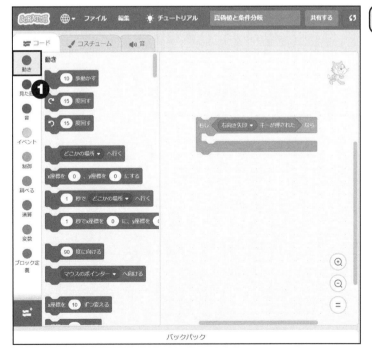

❶ [動き] カテゴリをクリックします。

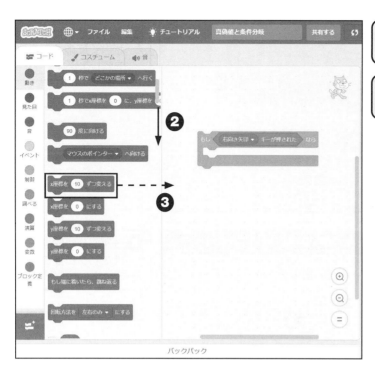

❷ ブロックパレットを下にスクロール
します。

❸ 「x座標を10ずつ変える」ブロック
をドラッグします。

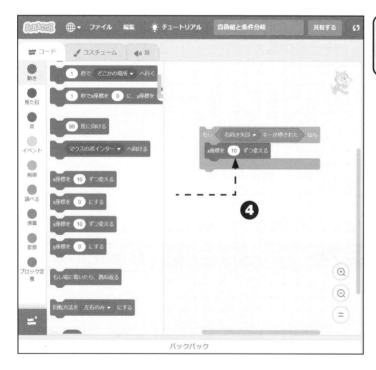

❹ 「もし右向き矢印キーが押されたな
ら」ブロックの逆コの字になってい
るところに配置します。

操作 👉 条件分岐のスクリプトで動作を確認

Step 1 キーボードを操作せずに動作を確認してみましょう。

❶「なら」の部分をクリックします。

❷ 猫のスプライトに動きがないことを確認します。

Step 2 →キーを押しながら動作を確認してみましょう。

❶ キーボードで→キーを押します。

❷ →キーを押したまま「なら」の部分をクリックします。

❸ クリックするたびに猫のスプライトが右に移動することを確認します。

真偽値と条件分岐のプログラム

条件分岐と、第2章で学んだ繰り返し処理とを組み合わせることで、とたんにそれらしい動きをプログラムできるようになります。ここでは条件分岐をどのように使うのか、その一例を試してみましょう。

条件分岐と繰り返しを組み合わせる

ここまでで作った「もし右向き矢印キーが押されたなら」ブロックを、「ずっと」ブロックの中で繰り返すことで、右向き矢印キーを入力するとスプライトが右に移動するスクリプトになります。

操作👉 繰り返しの中に条件分岐を組み込む

Step 1 「ずっと」ブロックをスクリプトに追加します。

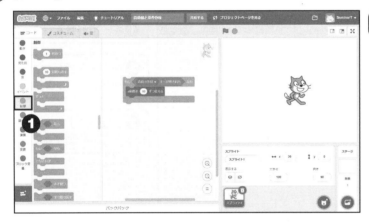

❶ [制御] カテゴリを選びます。

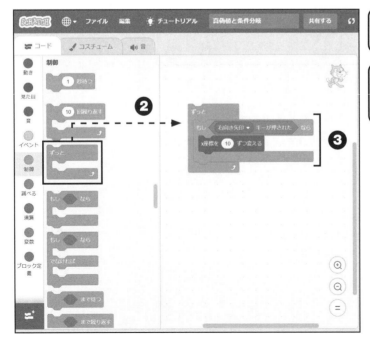

❷ 「ずっと」ブロックをドラッグします。

❸ 「もし右向き矢印キーが押されたなら」ブロックが中に入るように配置します。

スクリプトの動作を確認します。

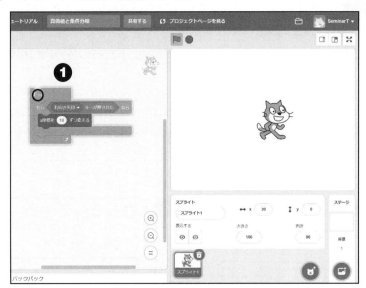

❶「ずっと」の部分をクリックします。

❷ キーボードの→キーを押します。

❸ 押している間はスプライトが右に移動するようになっていることを確認します。

💡 ヒント
→キーを押す
→キーは、短く何度も押したり、長く押したりといったように押し方を変えて、動作がどう変わるかを確認しましょう。

- -

❹ [止める] ボタンを押して、スクリプトを停止します。

💡 ヒント
スクリプトを停止した場合の表示
スクリプトの動作中は表示されていた周囲の黄色の枠線が消えます。これによりスクリプトが停止したことを確認できます。

- -

右以外の方向への移動

この段階では右方向にしか移動できません。このスクリプトをもとに、上下左右の各方向に移動できるように
しましょう。

操作 👉 ブロックを複製して左方向への移動を追加する

Step 1 「もし右向き矢印キーが押されたなら」ブロックを複製します。

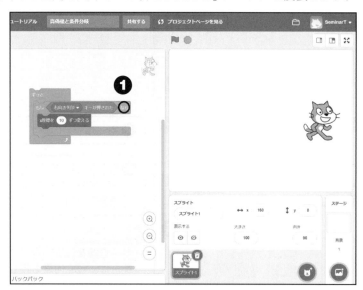

❶「もし右向き矢印キーが押されたな
ら」ブロックの「なら」の部分で右
クリックします。

❷開いたメニューの[複製]をクリッ
クします。

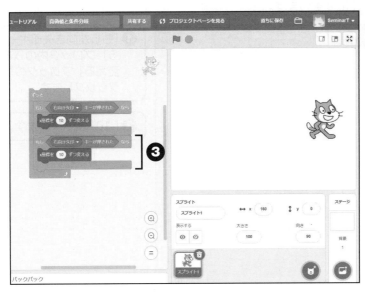

❸ 「ずっと」ブロック内部の末尾にあたる位置でクリックして配置します。

💡 ヒント
複製したブロックの操作
❷で [複製] を選ぶと、複製されたブロックがマウスポインターにくっつくように表示されます。ドラッグする必要はなく、通常のマウス操作でマウスポインターを動かし、目的の位置でクリックすると配置できます。

💡 ヒント　**[複製] の活用**

機能を増やしていく過程では、一部分だけが異なるスクリプトをいくつも作る必要が出てくることがあります。一つひとつが短ければすべてゼロから作成してもいいのですが、ブロックやスクリプトを複製する機能を活用すると、正確にかつ効率的にスクリプトを作成できます。これはScratchに限らず、他のプログラミング言語でプログラムを作るときも同様です。

操作 👉 **複製したブロックの方向を変更**

Step 1 「右向き矢印キー」を「左向き矢印キー」に変更します。

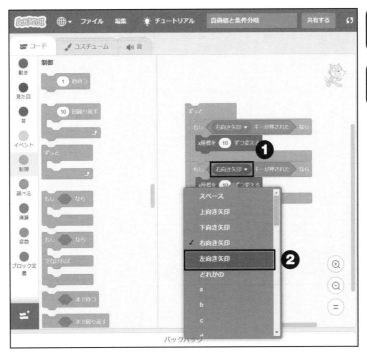

❶ 「右向き矢印」の部分をクリックします。

❷ 開いたメニューから [左向き矢印] を選択します。

Step 2 動かす量を「10」から「-10」に変更します。

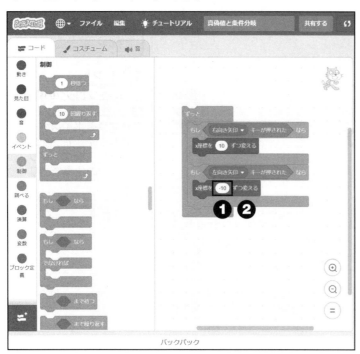

❶ 「もし左向き矢印キーが押されたなら」ブロック内の「x座標を10ずつ変える」ブロックの「10」の部分をクリックします。

❷ 「-10」を入力します。

💡 **ヒント** **x座標が-10変化する**

x座標が10変わると、スプライトが右方向に移動しました。「x座標を10ずつ変える」ブロックでは直接向きを指定することはできません。そこで左方向に移動させるために、移動量をマイナスの数値にすることにより、左向きに移動するように動作させられます。なお、「-10」は数値のため、マイナス記号も数字も半角で入力します。値を変更したあとの動作確認でスプライトが動かない場合は、数字が全角になっていないか確認しましょう。

Step 3 スクリプトの動作を確認しましょう。

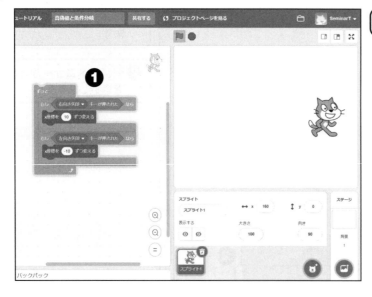

❶ 「ずっと」の部分をクリックします。

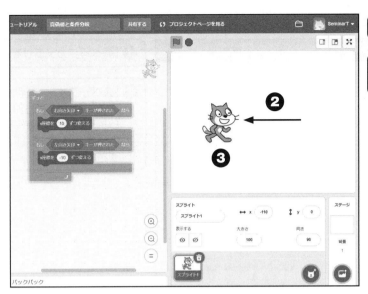

❷キーボードの←キーを押します。

❸キー入力に応じて、ネコのスプライトが左に動くことを確認します。

操作 👉 上下方向への移動を追加

次に上下方向に移動できるようにブロックを追加しましょう。左右方向への移動はx座標が変化するようプログラミングしました。上下方向はy座標を変化させる必要があることに注意してください。

Step 1 「もし〜なら」ブロックを新たに追加します。

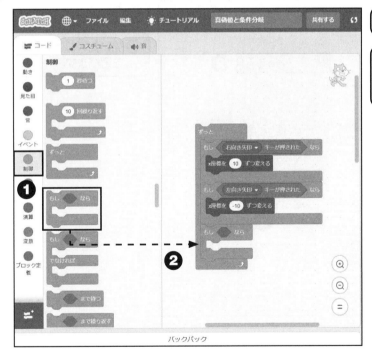

❶[制御] カテゴリを選びます。

❷「もし〜なら」ブロックを「ずっと」ブロック内のスクリプトの末尾に追加します。

Step 2 「スペースキーが押された」ブロックを追加します。

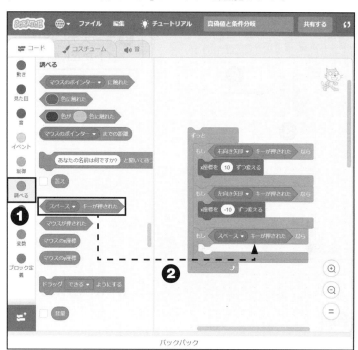

❶ [調べる] カテゴリを選びます。

❷ 「スペースキーが押された」ブロックを、Step1で追加した「もし〜なら」ブロックの条件部分（濃い茶色の六角形の領域）にドラッグします。

Step 3 条件のブロックを「上向き矢印キーが押された」に変更します。

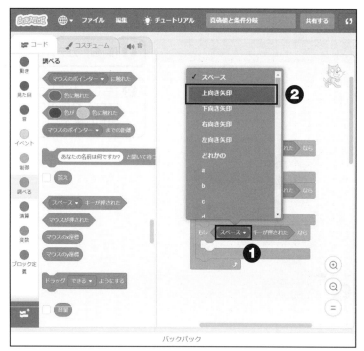

❶ 「スペース」の部分をクリックします。

❷ 開いたメニューから[上向き矢印]を選びます。

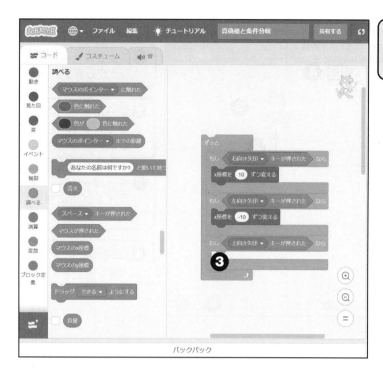

❸「もし上向き矢印キーが押されたなら」ブロックになったことを確認します。

Step 4 「y座標を10ずつ変える」ブロックを追加します。

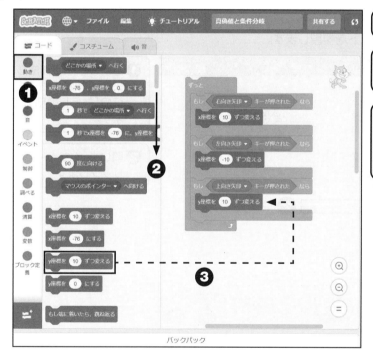

❶［動き］カテゴリを選択します。

❷ブロックパレットを下にスクロールします。

❸「y座標を10ずつ変える」ブロックを「もし上向き矢印キーが押されたなら」ブロックの内部に配置します。

Step 5 この段階で動作を確認します。

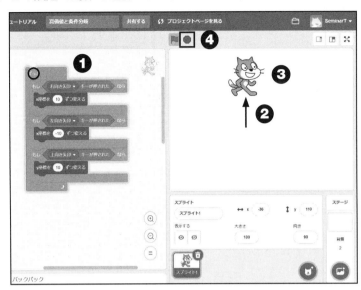

❶ スクリプトの「ずっと」部分をクリックします。

❷ キーボードの↑キーを押すとスプライトが上に移動することを確認します。

❸ キーボードの↓キーを押してもスプライトが下に移動しないことを確認します。

❹ [止める] ボタンを押してスクリプトを停止します。

操作 👉 下方向に移動するスクリプト

Step 6 上方向に移動するスクリプトを複製します。

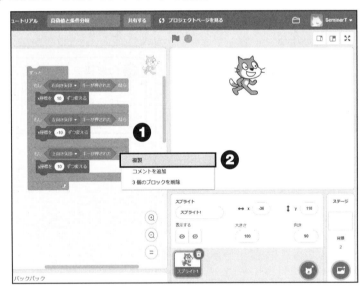

❶ 直前の手順で作成した「もし上向き矢印キーが押されたなら」ブロックの「なら」の部分で右クリックします。

❷ 開いたメニューから [複製] をクリックします。

❸「ずっと」ブロック内部の末尾に、複製したスクリプトを配置します。

Step 7　「上向き矢印」を「下向き矢印」に変更します。

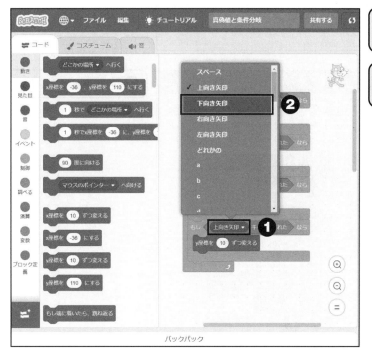

❶「上向き矢印」の部分をクリックします。

❷開いたメニューから[下向き矢印]を選択します。

Step 8 動かす量を「10」から「-10」に変更します。

❶「もし下向き矢印キーが押されたなら」ブロック内部にある「y座標を10ずつ変える」の「10」部分をクリックします。

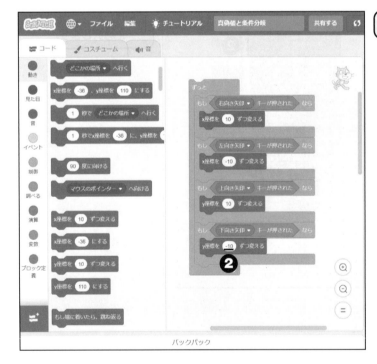

❷「-10」を入力します。

Step 9 スクリプトの動作を確認します。

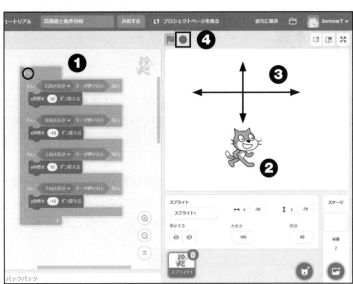

❶ スクリプトの「ずっと」部分をクリックします。

❷ キーボードの↓キーを押すと、スプライトが下に移動することを確認します。

❸ 上下左右の4方向にスプライトが動かせるようになったことを確認します。

❹ [止める] ボタンを押してスクリプトを停止します。

💡 ヒント

思った通りに動作しない場合

各方向のキーを押しても思った通りの動作にならないという場合は、主として①押したキーとは別の方向に動く、②キーを押してもスプライトが動かない、の2通りが考えられます。

①の押したキーとは別の方向に動く場合、左右方向に動くはずが上下に動く（もしくはその逆）というときはx座標とy座標を取り違えていないか（複製するブロックを間違えていないか）、押したキーとは反対の方向に動いてしまう場合は数値のプラスマイナスを間違えていないかを確かめましょう。

また、②のスプライトが動かないという場合は、全角で数字を入力していないか確かめましょう。

Scratchの座標

「座標」は、Scratchでスプライトの動きを制御する際に使います。ここまでのところでは、「x座標を10ずつ変える」ブロックや「y座標を10ずつ変える」ブロックで出てきましたね。算数や数学でグラフを作成するときなどに、座標を使ったことを思い出した人もいるかもしれません。Scratchでは、動きだけでなく、位置を決めるときにも座標を使います。

Scratchの座標も、考え方は基本的にはグラフと同じです。x座標とy座標で位置が決まり、それぞれの座標を変化させることで動きを表現します。Scratchではx座標は-240から240まで、y座標は-180から180まで設定できるようになっており、ステージの中心はx座標、y座標ともに0になります。

ここでは、Scratchがどのように座標を扱っているかについて、具体的に動かして確かめていきましょう。

グリッド背景を使って座標を理解

ここまでは、ステージに特定の背景を使わず、白い背景のままスプライトを動かしてきました。ここで座標を把握するのに便利な背景を導入して、位置や動きを確かめましょう。

操作 👉 グリッド背景の読み込み

Step 1 背景メニューを開きます

❶ 画面右下の[背景を選ぶ] ボタンを押します。

Step 2 「Xy-grid」を検索して読み込みます。

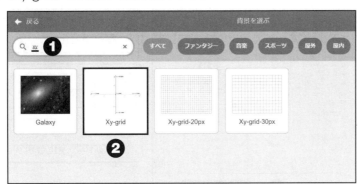

❶ 背景の一覧画面が表示されるので、検索キーワード欄に「xy」と入力します。

❷ マッチする背景に絞り込まれるので、そのなかから「Xy-grid」をクリックします。

❸ ステージの背景に座標軸が表示されたことを確認します。

Step 1 スクリプトを動作させてスプライトの座標を確認します。

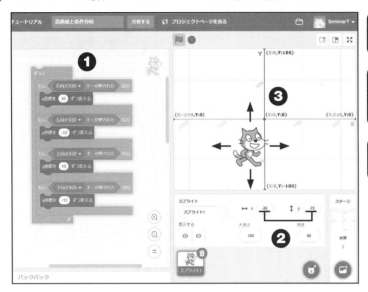

❶「ずっと」部分をクリックし、スクリプトを動作させます。

❷「スプライト」に表示されている「x」と「y」の項目で、x座標、y座標の値を確認します。

❸ キーボードの矢印キーでスプライトを任意の位置に動かします。

Step 2 座標の値が変わっていることを確認します。

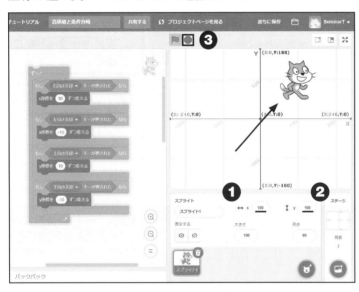

❶ 左右方向の位置を変えたときに、x座標が変化したことを確認します。

❷ 上下方向の位置を変えたときに、y座標が変化したことを確認します。

❸ ストップボタンを押してスクリプトの動作を停止します。

「もし〜なら　でなければ」で条件分岐の応用

　座標で設定できる値には上限と下限があります。このため、スプライトを動かすような処理を作っていると、ステージの端に来たときの処理を追加する必要が出てきます。こうした処理はScratchで動きのあるプログラムには必須といえる処理なのですが、Scratchでは、ここまでに学んできた条件分岐を応用することで、簡単に上下左右の端に来たときの処理を作れるようになっています。ちょうどいい腕試しになるので、実際にやってみましょう。

Step 1 「マウスのポインターに触れた」ブロックを配置します。

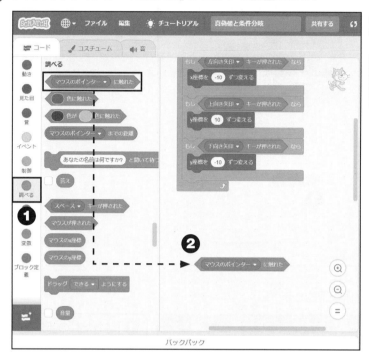

❶ [調べる] カテゴリを選びます。

❷ 「マウスのポインターに触れた」ブロックをスクリプトエリアに配置します。

Step 2 「マウスのポインター」を「端」に変更します。

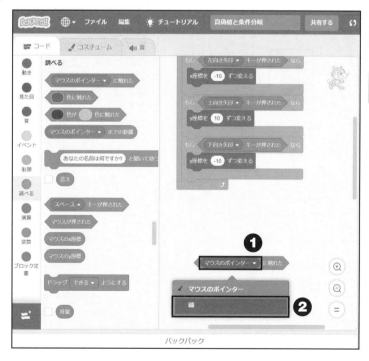

❶ 「マウスポインター」の部分をクリックします。

❷ 開いたメニューから[端] を選びます。

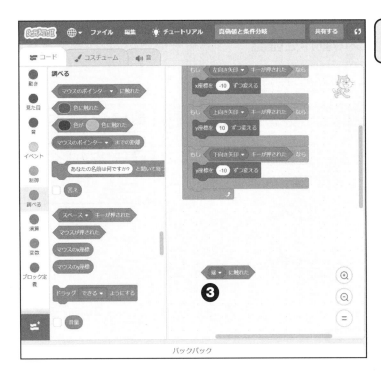

❸ 「端に触れた」ブロックになったことを確認します。

Step 4 「端に触れた」ブロックの動作を確認します。

❶ 「触れた」の部分をクリックします。

❷ 「false」と表示されたことを確認します。

💡 **ヒント**

スプライトの位置

このときスプライトの位置は上下左右の端にないことを前提にしています。端にある場合は、Step5のように「true」と判断されます。

Step 5 スプライトが端にあるときの動作を確認します。

❶ スプライトが画面の端に一部重なるような場所に配置します。

❷ 「触れた」の部分をクリックします。

❸ 「true」と表示されたことを確認します。

・・・

操作 👉 スプライトが端にあるときの処理を追加する

・・・

ここまで作ってきたスクリプトに、スプライトが端まで来たときに、それ以上同じ方向には動けないことを示す処理を追加しましょう。それには「端に触れた」ブロックと「もし～なら　でなければ」のブロックを組み合わせて使います。

これまでに使った条件分岐のブロックは「もし～なら」ブロックでした。「もし～なら」ブロックでは条件にあたるブロックの真偽値がtrueのときにどのような動作をするかをプログラムしました。この場合、真偽値はfalseのときは何もせず、次のブロックへと処理が進みます。

これに対して「「もし～なら　でなければ」ブロックは、「でなければ」の部分に何らかの処理を作ることで、真偽値がfalseのときにどのように動作するかを決められます。ここでは、スプライトが端にあるときにはメッセージを出して、端にないときはそのまま移動を続けるといったように、異なる動作をするスクリプトを作ってみましょう。

Step 1 「もし～なら　でなければ」ブロックを配置します。

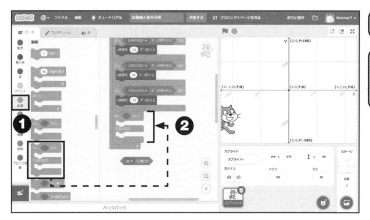

❶ [制御] カテゴリを選びます。

❷ 「もし～なら　でなければ」ブロックを「ずっと」ブロック内部のスクリプトの末尾に追加します。

Step 2 条件として「端に触れた」ブロックを設定します。

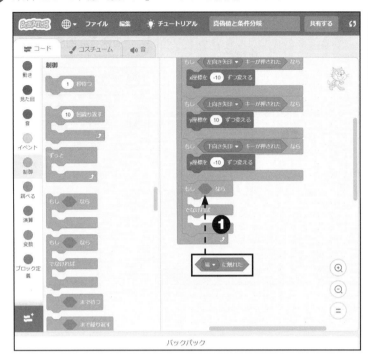

❶「端に触れた」ブロックを、追加した「もし〜なら でなければ」ブロックの条件を示す六角形にドラッグします。

❷ 条件に「端に触れた」ブロックが設定できたことを確認します。

Step 3 「こんにちは！と2秒言う」ブロックを配置します。

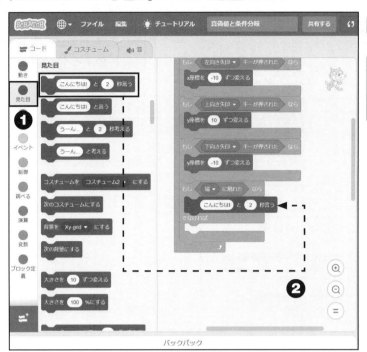

❶ [見た目] カテゴリを選びます。

❷ 「こんにちは！と2秒言う」ブロックを「もし端に触れたなら」のすぐ下にある空きスペースにドラッグします。

Step 4 メッセージを「もう行けないよ」に変更します。

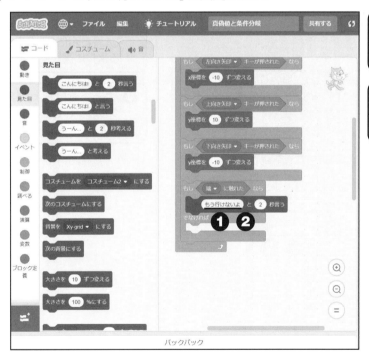

❶ 「こんにちは！」の部分をクリックして、「こんにちは！」を「もう行けないよ」に書き換えます。

❷ 「もう行けないよ」以外の部分をクリックして、メッセージを確定します。

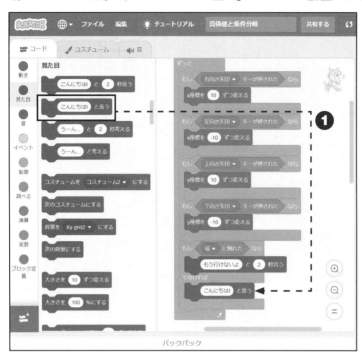

❶「こんにちは！と言う」ブロックを「でなければ」の下の空きスペースにドラッグします。

Step 5　「こんにちは！」を「もっと動けるよ」に変更します。

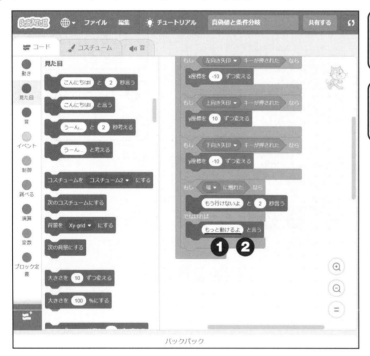

❶「こんにちは！」の部分をクリックし、「こんにちは！」を「もっと動けるよ」に書き換えます。

❷「もっと動けるよ」以外のところをクリックして、メッセージを確定します。

スプライトを動かすスクリプト全体の動作を確認

これで、真偽値と条件分岐を使って、キー操作でスプライトを動かすプログラムは完成です。ここで思った通りにスクリプトが動作するか、さまざまに動かして確認しましょう。

Step 1 スクリプトを動作させて、スプライトを動かします。

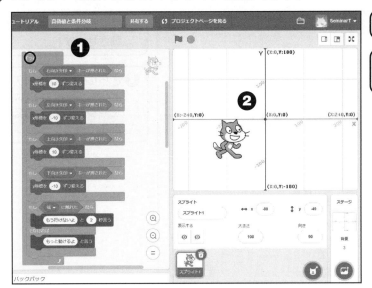

❶「ずっと」の部分をクリックします。

❷キーボードのキーでスプライトを
いずれかの方向に動かします。

Step 2 スプライトが端にいないときの動作を確かめます。

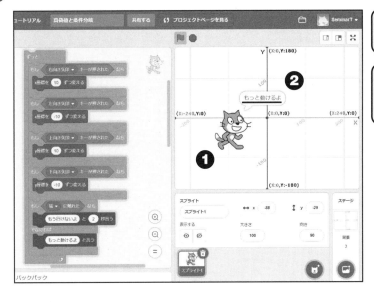

❶スプライトが端まで移動していな
いことを確認します。

❷「もっと動けるよ」というメッセー
ジが表示されていることを確認し
ます。

Step 3 スプライトが端にいるときの動作を確かめます。

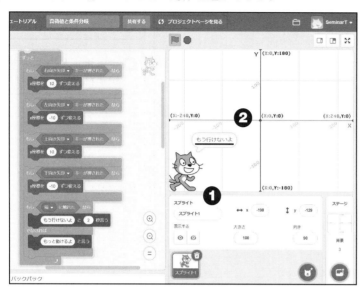

❶ スプライトをいずれかの端まで移動させます。

❷ さらに同じ方向の矢印キーを押すと「もう行けないよ」というメッセージが表示されることを確認します。

📶 この章の確認

- □ 「スペースキーが押された」ブロックは何を判断しているか理解できましたか？

- □ スペースキーが押されているとき、「スペースキーが押された」ブロックは「true」と「false」のどちらを出力するか、理解できましたか？

- □ スペースキーが押されていないとき、「スペースキーが押された」ブロックは「true」と「false」のどちらを出力するか、理解できましたか？

- □ 「true」を別の言葉で言い換えると、「真」と「偽」のどちらになるか、わかりますか？

- □ 「false」を別の言葉で言い換えると、「真」と「偽」のどちらになるか、わかりますか？

- □ 「真偽値」とは何か、理解できましたか？

- □ 真偽値を扱うブロックはどんな形をしていますか？

- □ 条件分岐を扱うブロックを2種類扱いました。どれとどれでしたか？

- □ 条件分岐を扱うブロックには、条件を設定する領域があります。どんな形をしていましたか？

- □ 真偽値を扱うブロックは、条件分岐を扱うブロックのどこに組み込むか、理解しましたか？

- □ 設定した条件にマッチするときだけ何らかの動作をさせる場合には、どのブロックを使いましたか？

- □ 「もし〜なら」ブロックは、どのような処理をしたいときに使うか、理解できましたか？

- □ 設定した条件にマッチするときの動作だけでなく、マッチしなかったときの動作も指定したいときは、どのブロックを使うか、理解できましたか？

- □ 「もし〜なら　でなければ」ブロックはどのような処理をしたいときに使うか、理解できましたか？

- □ 矢印キーを押されたかどうかを判断したいとき、どのブロックをどのように書き換えましたか？

- □ スプライトの位置は座標で指定されていることが理解できましたか？

- □ スプライトの位置を示すx座標、y座標はどこに表示されていますか？

- □ スプライトを右方向に動かすときは、どちらの座標をどのように変化させればいいか、理解できましたか？

- □ スプライトを左方向に動かすときは、どちらの座標をどのように変化させればいいか、理解できましたか？

- □ スプライトを上方向に動かすときは、どちらの座標をどのように変化させればいいか、理解できましたか？

- □ スプライトを下方向に動かすときは、どちらの座標をどのように変化させればいいか、理解できましたか？

- □ メッセージを表示させるブロックは2種類扱いました。どれとどれでしたか？

- □ メッセージは任意のテキストに書き換えられます。その方法を理解できましたか？

プロジェクト「真偽値と条件分岐」で作ったスクリプトを、以下の手順で拡張してみましょう。

1.　保存したプロジェクトから「順次処理」を開きます。

2.　［ファイル］メニューから［コピーを保存］を選びます。

3.　プロジェクトに名前を付けます。プロジェクト名は自由に決めてかまいません。その際、これまでに作成したプロジェクト名と重複しないようにします。

4.　本章で解説した手順をもとに、キーボードでEを入力した場合は上に20ピクセル（↑キーの2倍）移動する処理を追加します。

5.　本章で解説した手順をもとに、キーボードでSを入力した場合は左に30ピクセル（←キーの3倍）移動する処理を追加します。

6.　本章で解説した手順をもとに、キーボードでXを入力した場合は下に20ピクセル（↓キーの2倍）移動する処理を追加します。

7.　本章で解説した手順をもとに、キーボードでSを入力した場合は→に30ピクセル（→キーの3倍）移動する処理を追加します。

8.　いずれかのブロックをクリックして、動作を確認します。

演算と変数

さまざまな演算と変数

コンピューターのプログラムが行う計算処理全般を指して「演算」といいます。計算というと、たし算、ひき算、かけ算、わり算を思い浮かべる人が多いかもしれません。これらは「四則演算」といって、演算の一種です。

基本となる演算には、四則演算以外に「比較演算」「論理演算」があります。本書ではこの3つを取り上げ、プログラムで使う演算について見ていきます。

演算を行ううえで、もうひとつ知っておきたい重要な要素が「変数」です。変数を使うことにより、シンプルなプログラムを作れるほか、どんな値でも計算できる柔軟なプログラムを作ることができます。

本章では、こうした演算と変数を使って「年齢計算プログラム」と「数字当てプログラム」を作ります。これまでの章で学んだことと合わせると、簡単ながらひとつのまとまったプログラムを作ることができます。演算と変数について具体的な動作や使い方は、プログラムを作成する過程でくわしく説明します。ここでは、ざっと大まかに理解することができれば十分です。

■ 四則演算

前述の通り、たし算、ひき算、かけ算、わり算のことをまとめて四則演算といいます。これについては、くわしく説明する必要はないかもしれません。Scratchには、それぞれに応じたブロックが用意されています。数式とは異なり、かけ算の「×」は「＊」で、わり算の「÷」は「／」で表わされます。

■ 比較演算

比較演算は、文字通り数値の比較をします。2つの値、たとえば値1と値2を比べて、「値1は値2より大きい」か、もしくは「小さい」か、あるいは「等しい」かどうかをそれぞれ調べる演算です。

「より大きい」の演算を例に、どのように比較するかを見てみましょう。「値1は値2より大きい」かどうかを判断するとき、実際に値1が値2より大きければ「値1は値2より大きい」は成立します。この演算の結果は真偽値です。このため、成立しているときは「真」つまり「true」が演算の結果になります。

逆に、この結果を見て「true」のときは値1は値2より大きいことがわかります。また「false」だったら値1は値2より大きいわけではないことがわかります。つまり値1は値2より小さいか、値1と値2は等しいかのいずれかであることがわかります。

比較演算のためのブロックとしては、以下の3つが用意されています。

■ 論理演算

条件が1つだけなら、第3章で取り上げた「もし～なら」ブロックもしくは「もし～なら　でなければ」ブロックの条件部分に、比較演算ブロックなど真偽値を出力するブロックを組み込むこと

で、意図した通りの処理をするスクリプトを作れます。ところが、プログラムによっては2つ（もしくはそれ以上）の条件を考慮する必要がある場合があります。たとえば特急電車には、乗車券と特急券の両方を持っていないと乗れないことがあります。このように、「乗車券を持っている」という条件と「特急券を持っている」という条件の両方が成立していなければなりません。このように複数の条件が成立しているかどうかを調べたいといったようなときに使うのが論理演算です。論理演算には、「条件1かつ条件2」が成立するかどうか、「条件1または条件2」が成立するかどうかを調べる演算があります。「条件1かつ条件2」では両方の条件が成立している場合にのみ「true」になります。それ以外のケースでは「false」になります。「条件1または条件2」の場合は、どちらか一方の条件が成立していれば「true」になります。両方が成立しているときももちろん「true」です。両方成立していないときにのみ「false」になります。

論理演算にはもう1種類があります。本書では取り上げませんが、「〜ではない」ことを調べる演算です。「条件が成立していないこと」を条件にすることが必要になるケースがあり、そういったときに使う演算です。

Scratchでは、論理演算のブロックとして、以下の3つが用意されています。

「かつ」　　　　　「または」　　　　　「ではない」

■ 変数

　「変数」は、何らかの値をプログラムの中で何度でも利用できるよう保存しておく仕組みです。ちょっとしたプログラムでも、その中ではさまざまな値を扱います。値によってはプログラムを実行するたびに変わったり、プログラムの途中で変化したりします。そのような値を管理するのに変数を使います。

　もう少し具体的に説明しましょう。本章では「数字当てプログラム」を作ります。プログラムが利用者からは見えないように問題となる数字を決めます。利用者はそれをカンで当てるという一種のゲームです。このとき、問題となる数字はプログラムを実行するたびに変えないと、2回目以降は楽しめません。また、利用者はプログラムの指示に従って自分の答えを入力します。その答えも、いくつになるかはプログラムを作っているときにはわかりません。そこでそういった値を扱うのに変数を使います。どのような値をどの変数で扱うかは、プログラムで決めておきます。こうすることでプログラムを変えることなく、異なる値をプログラムが扱えるようになります。

　扱う変数が1つだけならば、Scratchにはあらかじめ「変数」ブロックが用意されています。でも、実際には1つだけでは不十分なことがほとんどです。そのときは使用する分だけ変数を作る必要があります。変数を作るときには、変数ごとに異なる名前を付けます。プログラムの中では、この変数名に応じたブロックを利用します。

変数を作るためのボタン　　　　　作成した変数の例

ここまで、本章で取り上げる演算と変数について簡単に説明してきました。これだけでは完璧に理解するのは難しいかもしれません。ここからは、それぞれについて実際に具体的な動作を見ながら、どのように使うのかを解説していきます。実際にブロックを操作しながら、演算と変数について理解を深めてください。

四則演算

演算の中では最もとっつきやすいのが四則演算かもしれません。いわゆる「たす」「ひく」「かける」「わる」というなじみのある計算だからです。まずは四則演算のために用意されたブロックと、その動作を見ていきましょう。

たし算

操作 👉 新規エディターでたし算ブロックを追加

Step 1 新規エディター画面を立ち上げます。

❶ トップページから[作る]をクリックするか、[ファイル]メニューから[新規]を選んで、新規エディター画面を開きます。

Step 2 「○+○」ブロックをドラッグします。

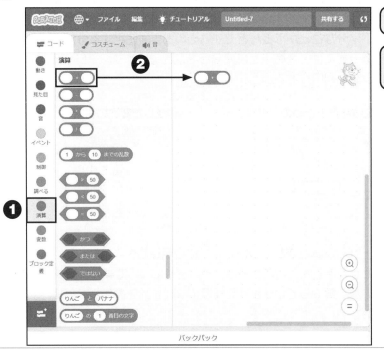

❶[演算]カテゴリを選びます。

❷「○+○」ブロックをスクリプトエリアにドラッグします。

Step 3 数値を入力します。

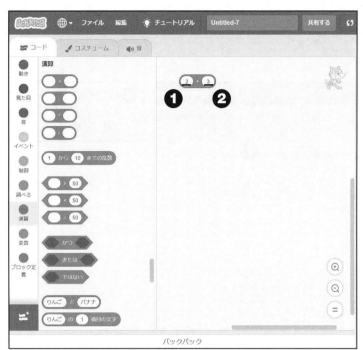

❶ 左側の数値欄に「2」を入力します。

❷ 右側の数値欄に「3」を入力します。

💡 ヒント

数値の入力

数値欄には半角で数字を入力します。全角で数字を入力しても、Scratchは数値として受け取ってくれないため、何も入力されていないのと同じ扱いになってしまいます。これはたし算ブロックに限らず、四則演算ブロックすべてに共通です。

Step 4 たし算の計算結果を確認します。

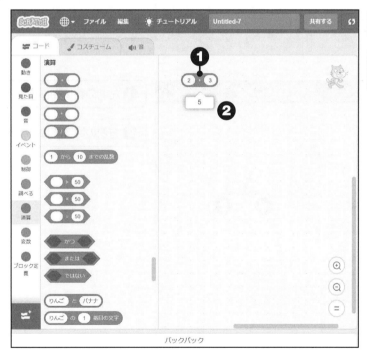

❶「+」のあたりをクリックします。

❷「2＋3」の計算結果である「5」が表示されました。

ひき算、かけ算、わり算

たし算と同じように、ひき算、かけ算、わり算にもそれぞれ専用のブロックが用意されています。それぞれ任意の数値を入力して計算してみましょう。わり算の場合は、割り切れないときにどのような結果が表示されるのかについても確かめておきましょう。

Step 1 ひき算ブロックを追加します。

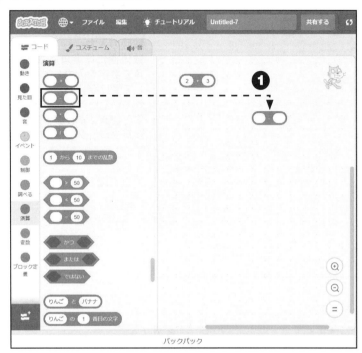

❶ ブロックパレットから「○−○」ブロックをスクリプトエリアにドラッグします。

Step 2 ひき算の式を作成します。

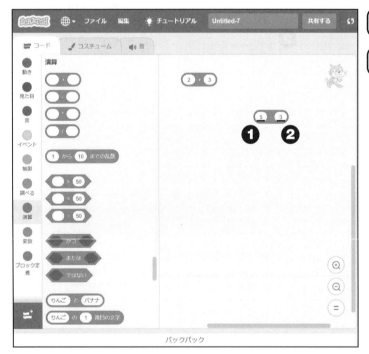

❶ 左側の数値欄に「5」を入力します。

❷ 右側の数値欄に「3」を入力します。

Step 3 ひき算を実行して結果を確認します。

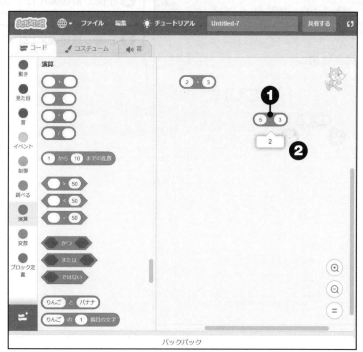

❶「−」のあたりをクリックします。

❷「5−3」の計算結果である「2」が表示されました。

操作 👉 かけ算ブロック

Step 1 かけ算ブロックを追加します。

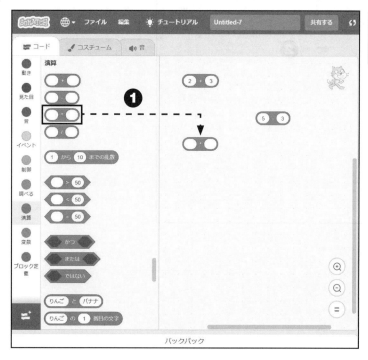

❶ ブロックパレットから「○ ＊ ○」ブロックをスクリプトエリアにドラッグします。

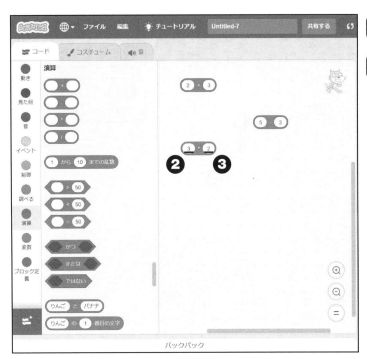

❷ 左側の数値欄に「3」を入力します。

❸ 右側の数値欄に「2」を入力します。

Step 2 かけ算を実行して結果を確認します。

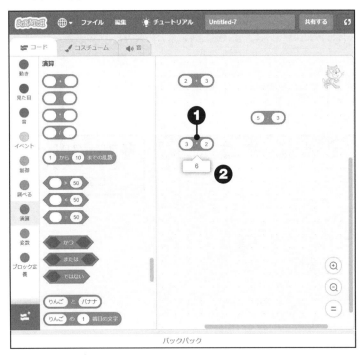

❶ 「*」のあたりをクリックします。

❷ 「3 * 2」の計算結果である「6」が表示されました。

Step 3 わり算ブロックを追加します。

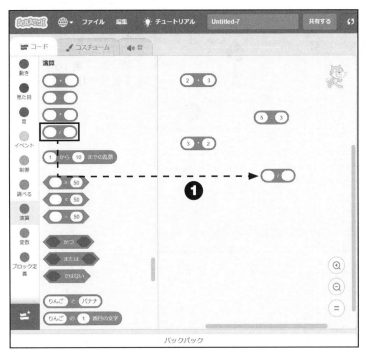

❶ ブロックパレットから「○／○」ブロックをスクリプトエリアにドラッグします。

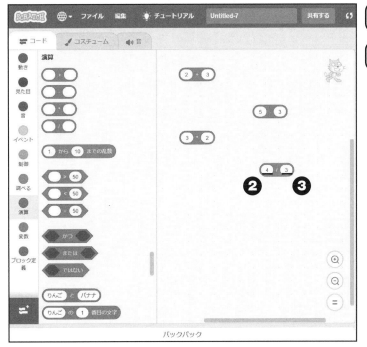

❷ 左側の数値欄に「4」を入力します。

❸ 右側の数値欄に「3」を入力します。

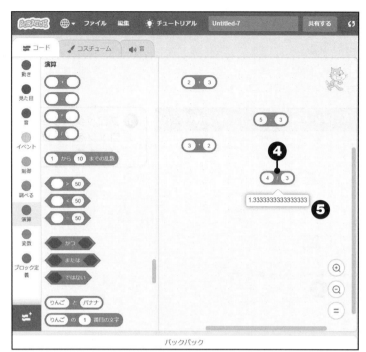

④ 「／」のあたりをクリックします。

⑤ 「4／3」の計算結果である「1.3333333333333333」が表示されました。

💡 ヒント

割り切れないとき

小数点以下第16位（小数点以下が16桁）まで表示されます。

年齢計算のプログラムを作る

では、四則演算のブロックを使って、年齢を計算するプログラムを作ってみましょう。年齢は、今年が何年かによりますが、その年から生まれた年を引けば求められます。この計算により、「今年、何歳になるか」がわかります。実際には生まれた月、日と、計算した月、日により「なった」か「なる」かが変わってきますが、ここではその点は考慮せず、「今年、満何歳になるか」を計算することにします。

単に計算するだけなら、ここまで見てきたようにひき算ブロックの左側の数値に今何年かを入力し、右側に生まれた年を入力することで年齢は割り出せます。でも、計算するたびにスクリプト内部の数値欄を書き換える必要がありますし、他の人に使ってもらおうとすると、生まれた年も人によって変わってきます。何より、他の人にスクリプトを直接書き換える作業はさせられません。

そこで、四則演算も含めてここまでに学んできたことを活用し、誰に、いつ使ってもらってもきちんと年齢の計算ができるようなScratchのプログラムを作ってみましょう。

このプログラムでは、ユーザーに生まれた年を入力してもらうようにします。それをもとにプログラムを実行した時点の年を自動的に取得し、ひき算を実行することで年齢を割り出します。もちろん、その結果をユーザーにもわかるよう出力（表示）する機能もプログラムに組み込みます。

プログラムはどこから作ってもいいのですが、ここではプログラムの心臓部にあたる年齢を計算するところから始めることにしましょう。

年齢を計算するスクリプト

操作 ☞ プログラム作成の準備をする

> **Step 1** プロジェクトに名前をつけます。

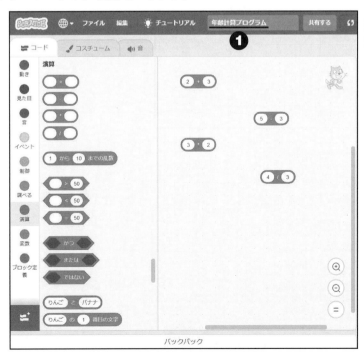

❶ プロジェクトタイトルを「年齢計算プログラム」に変更します。

Step 2 不要なブロックを削除します。

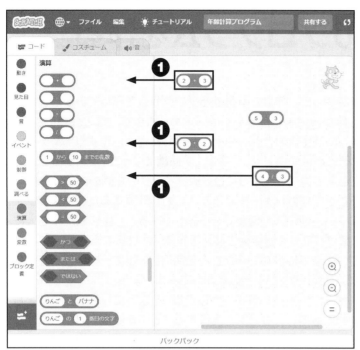

❶ ひき算以外のブロックをスクリプトエリアから削除します。

💡 **ヒント**

不要なブロックを削除する
不要なブロックを削除するには、配置するときとは逆に、スクリプトエリアからブロックパレットにドラッグします。ブロックパレットがどのカテゴリの表示になっていてもかまいません。

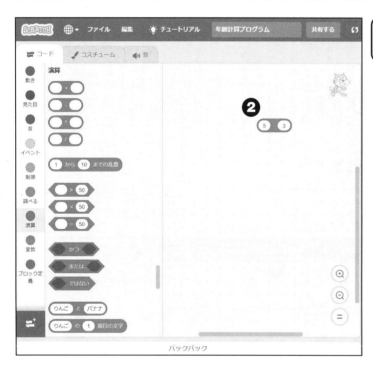

❷ スクリプトエリアには「5-3」ブロックだけを残します。

操作 👉 「現在の年」ブロックを利用する

「今年が何年か」をプログラム内で利用するために用意されているのが「現在の年」ブロックです。動作を確かめたうえで、年齢計算プログラムに使ってみましょう。

Step 1 [調べる] カテゴリにある「現在の年」を探します。

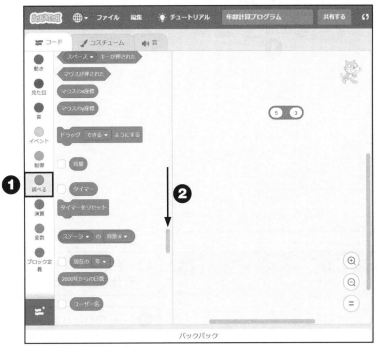

❶ [調べる] カテゴリを選びます。

❷ ブロックパレットを下のほうにスクロールします。

Step 2 「現在の年」ブロックの動作を確かめます。

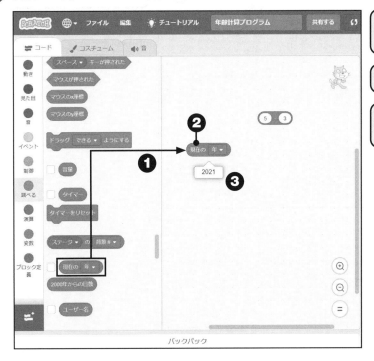

❶ 「現在の年」ブロックをスクリプトエリアにドラッグします。

❷ 「現在」のあたりをクリックします。

❸ 西暦で現在の年が表示されることを確認します。

Step 3 「現在の年」ブロックをひき算ブロックに組み込みます。

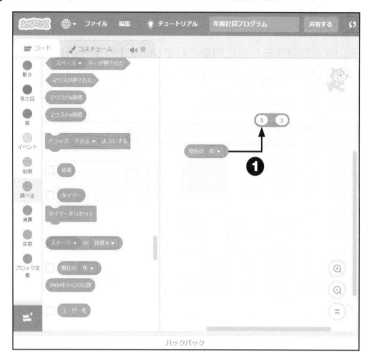

❶「現在の年」ブロックを「5－3」ブロックの「5」の部分にドラッグします。

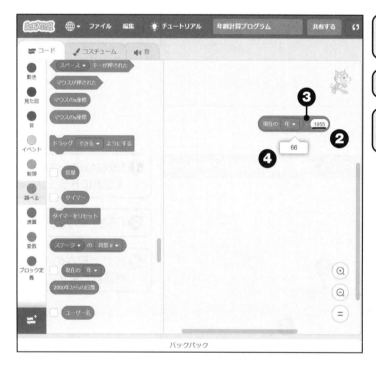

❷「現在の年－3」ブロックの「3」を自分が生まれた年に書き換えます。

❸「－」のあたりをクリックします。

❹年齢が計算できたことを確認します。

生まれた年の入力処理

まだこの段階では、ブロックの中に直接自分の生まれた年を入力しています。このプログラムを「誰でも」使えるようにするためには、任意の生年を扱えるようにする必要があります。

そこでこのプログラムでは、生まれた年をユーザーに尋ね、入力された値を使ってひき算に使うようにします。Scratchには、その目的にぴったりの「あなたの名前は何ですか？と聞いて待つ」というブロックが用意されています。それを使って、生まれた年を尋ね、それをもとに年齢を計算するブロックを作ってみましょう。

操作👉 入力を求めるメッセージを表示する

Step 1 「あなたの名前は何ですか？と聞いて待つ」ブロックを追加します。

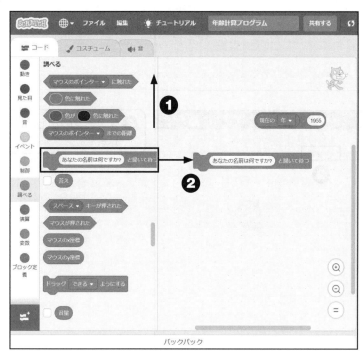

❶ [調べる] カテゴリのブロックパレットを上のほうにスクロールします。

❷ 「あなたの名前は何ですか？と聞いて待つ」ブロックをスクリプトエリアにドラッグします。

⚠️ **重要**　**「あなたの名前は何ですか?と聞いて待つ」ブロック**

ここで調べたいのは生まれた年であって、名前ではありません。でも「あなたの名前は何ですか？」の部分を書き換えることによって、ユーザーへのメッセージは変更できます。このブロックは名前を尋ねるブロックではなく、ユーザーに何らかの入力を求め、その入力を受け取る処理に使うブロックと理解するとよいでしょう。

Step 2 受け取った値をステージに表示する

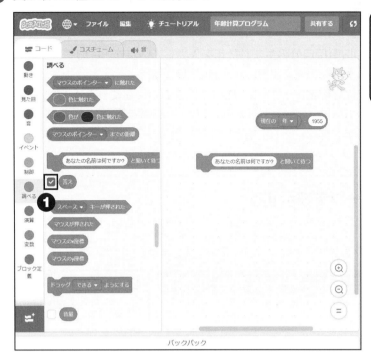

❶ ブロックパレットの「あなたの名前は何ですか?と聞いて待つ」ブロックの下にある「答え」ブロックのチェックボックスをクリックしてオンにします。

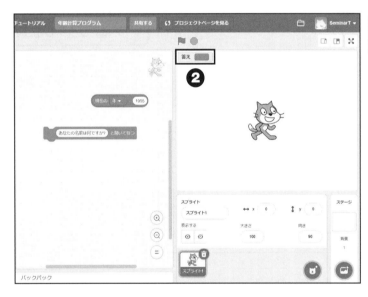

❷ ステージの左上に「答え」が表示されます。

💡 **ヒント** **ステージに表示された「答え」**

この操作によりステージに「答え」を表示させておくと、プレビュー時の入力や動作を確認しやすくなります。スクリプトを動作させたとき、入力した値をここで確認できるためです。これはスクリプトを作成中のみに必要な表示なので、後々の工程でスクリプトを完成させる前に表示をオフにします。

Step 3 スクリプトを動作させて、「あなたの名前は何ですか？」と表示されることを確認します。

❶ 「聞いて待つ」のあたりをクリックします。

❷ 「あなたの名前は何ですか？」というメッセージが表示されます。

Step 4 入力した値を受け取れていることを確認します。

❶ ステージ下部に表示された入力欄に名前を入力します。

❷ ステージ左上の「答え」に入力した値が表示されていることを確認します。

操作 👉 生まれた年を尋ねて生年を受け取るスクリプト

ここまでで作ったブロックに手を入れて、ユーザーに生まれた年を尋ねるブロックと、入力された生年を使って年齢を計算するブロックを作りましょう。

Step 1 生年を尋ねるメッセージに変更します。

❶ 「あなたの名前は何ですか？」の欄をクリックします。

❷ 「あなたの生まれた年は？（西暦）」に書き換えます。

Step 2 メッセージの表示と入力値が正しいかを確認します。

❶ 「聞いて待つ」のあたりをクリックします。

❷ メッセージが正しく表示されていることを確認します。

❸ 生まれた年を入力します。

❹ 「答え」に入力した数値が反映されていることを確認します。

計算した年齢を表示

ここまでで、プログラムを利用する人に生まれた年を入力してもらうところまでに必要なブロックを作れました。ここからは入力値をもとに年齢を計算し、計算結果を知らせるメッセージを表示する処理を作ることで、プログラムを完成させましょう。

操作 👉 年齢を計算するブロックを作成する

Step 1 入力値をひき算ブロックに組み込みます。

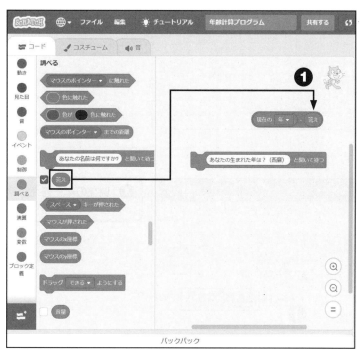

❶ ブロックパレットの「答え」ブロックを「現在の年 − 1955」ブロックの「1955」の部分に組み込みます。

💡 ヒント
「1955」という表示

図でひき算のブロックが「現在の年 −1955」ブロックになっているのは、このブロックを配置したときに自分が生まれた年を直接入力したためです。ここに「答え」ブロックを組み込むことで、ユーザーに入力してもらった値を使った計算ができるようになります。

操作 👉 計算結果を表示するメッセージを作成する

算出した年齢を知らせるために、「○歳になりますね（なりましたね）」というメッセージをプログラムで作ろうと思います。このうち、「○」の部分は計算した年齢の数値が入ります。それより後ろの「歳になりますね（なりましたね）」というテキストは常に変わりません。このように2つの要素を1つのメッセージにしたいときには「りんごとバナナ」ブロックを使います。このブロックから目的のメッセージを作るための手順を見ていきましょう。

Step 1 「りんごとバナナ」ブロックを追加します。

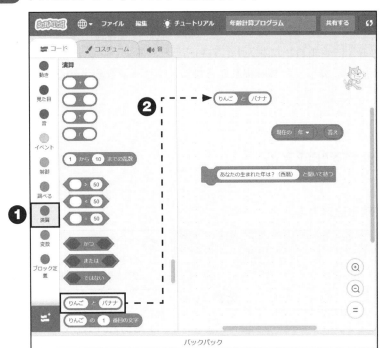

① [演算] カテゴリを選びます。

② 「りんごとバナナ」ブロックをスクリプトエリアにドラッグします。

Step 2 年齢の計算結果をメッセージの前半に埋め込みます。

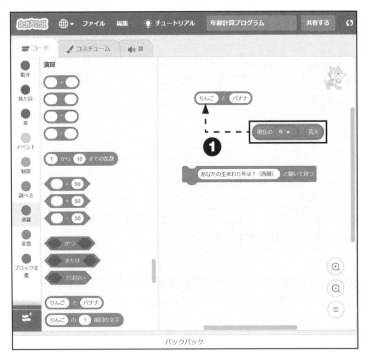

① 「現在の年－答え」ブロックを「りんご」の領域にドラッグします。

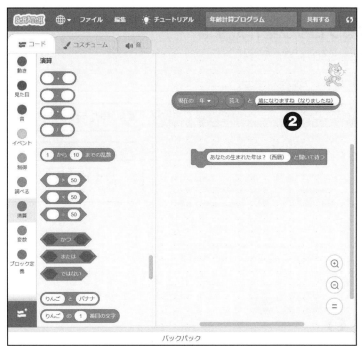

❷「バナナ」を「歳になりますね(なりましたね)」に書き換えます。

💡 ヒント

なりますね(なりましたね)
このプログラムを実行した時点で誕生日を迎えているかどうかにより、「現在の年−生まれた年」の計算結果と満年齢が異なる場合があるため、メッセージにひと工夫を加えました。

Step 3 表示されるメッセージを確認します

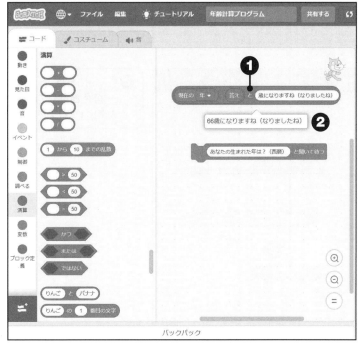

❶「と」のあたりをクリックします。

❷「66歳になりますね(なりましたね)」と表示されたことを確認します。

💡 ヒント

メッセージに表示された「66歳」
実際に表示される年齢は、116ページで「あなたの生まれた年は?(西暦)と聞いて待つ」ブロックの動作を確認したときに入力した値によって変わります。

Step 1 メッセージを表示する為のブロックを作ります。

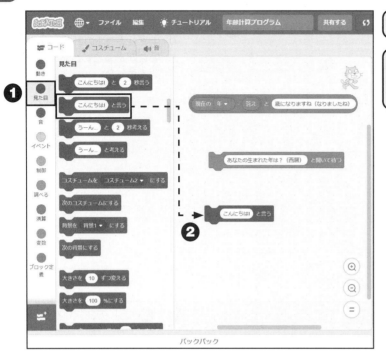

❶ [見た目] カテゴリを選びます。

❷「こんにちは！と言う」ブロックをスクリプトエリアにドラッグします。

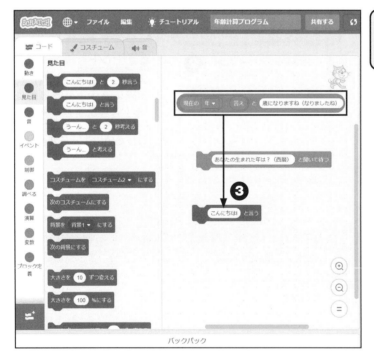

❸「こんにちは！」の領域に「現在の年－答えと歳になりますね(なりましたね)」ブロックを組み込みます。

Step 2 ブロックを処理順に並べます。

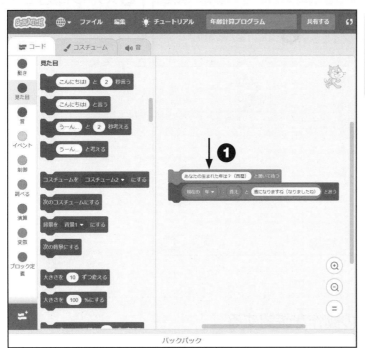

❶「あなたの生まれた年は？（西暦）と聞いて待つ」ブロックを「現在の年－答えと歳になりますね（なりましたね）と言う」ブロックの上に重ねます。

Step 3 ステージの「答え」を非表示にして仕上げます。

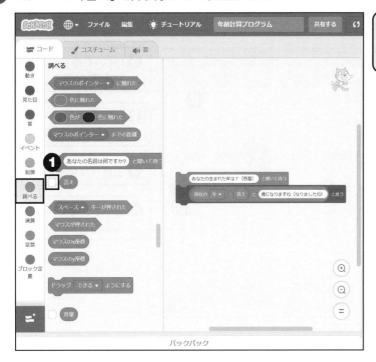

❶ ブロックパレットの「答え」ブロックにあるチェックボックスをクリックしてオフにします。

❷ステージに表示されていた「答え」の表示が消えたことを確認します。

操作👉 年齢計算プログラムの動作を確認する

これでスクリプトは完成です。動作を確認したらプロジェクトを保存し、新しいプロジェクトの作成に備えましょう。

Step 1 スクリプトの動作を確認しましょう

❶「聞いて待つ」のあたりをクリックします。

❷質問のメッセージが表示されたことを確認します。

❸生まれた年をキー入力します。

❹クリックもしくはEnterキーを押して値として入力します。

❺ 計算結果を伝えるメッセージが表示されたことを確認します。

Step 2 プロジェクトを保存します。

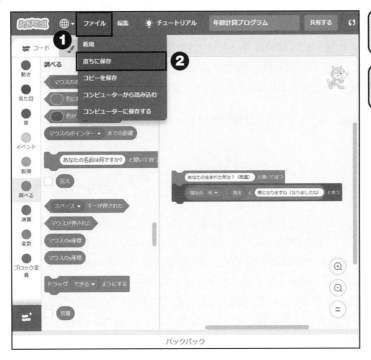

❶ メニューの［ファイル］をクリックします。

❷ 開いたメニューから［直ちに保存］をクリックします。

比較演算

四則演算以外にも重要な演算があります。比較演算と論理演算です。ここからは比較演算を見ていきましょう。比較演算は、前章で学んだ条件分岐と組み合わせることにより、さまざまな判断をプログラムにさせることができます。その場合、比較演算をする式が条件となるわけです。

まず最初に、比較演算とはどういうものか、どういう結果を出力するのかについて、ブロック単体で動作を確かめてみましょう。それから、比較演算を使って「数字当てゲーム」を作ってみようと思います。このプログラムでは論理演算も使いますが、論理演算についてはスクリプトを作る過程で論理演算を用いるときにくわしく見ることにします。

比較演算の基本

比較演算には、値Aと値Bを比較する場合に①値Aは値Bより大きいか、②値Aは値Bより小さいか、③値Aと値Bは等しいか、の3種類があります。いずれも演算の結果は真偽値です。つまり、「true」か「false」です。

Scratchにはそれに応じて「○＞50」ブロック、「○＜50」ブロック、「○＝50」ブロックが用意されています。

「～より大きい」	「～より小さい」	「～と等しい」
「○＞50」ブロック	「○＜50」ブロック	「○＝50」ブロック

ここで「＝」は説明する必要はないでしょう。右と左の値が等しいことを示します。「＞」は左の値が右より大きいことを示します。「＜」は反対に、左の値が右より小さいことを示します。スクリプトの中でこのブロックが動作する順番が来たら、各ブロックはその時点の左と右の値を比較して、それぞれの式が成り立っているかどうかを判断します。そしてその結果を「true」か「false」かで示します。

いずれのブロックでも「50」は書き替え可能になっており、単なる初期値です。この3つのブロックを使って、どのように比較演算するのかを見てみましょう。最初は、演算をイメージしやすい「値Aと値Bは等しいか」の動作から確認しましょう。

操作 👉 等しいことを調べる比較演算

Step 1 新しいプロジェクトを開きます。

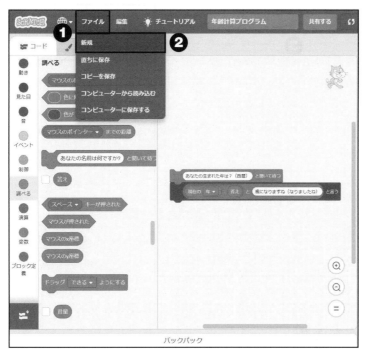

❶ メニューの[ファイル]をクリックします。

❷ 開いたメニューから[新規]をクリックします。

Step 2 「○＝50」ブロックを追加します。

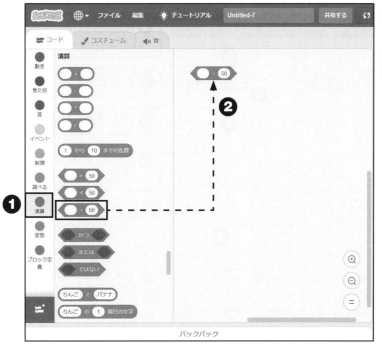

❶ [演算]カテゴリを選びます。

❷ 「○＝50」ブロックをスクリプトエリアにドラッグします。

値を入力して演算を実行します。

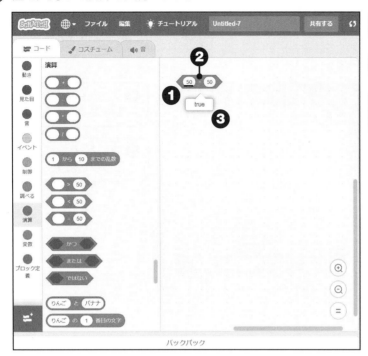

❶ 「○」の部分に「50」を入力します。

❷ 「＝」のあたりをクリックします。

❸ 「true」と表示されたことを確認します。

操作👉 等しくないときの動作を確認

. . . .

Step 1 新たな「○＝50」ブロックで演算を実行します。

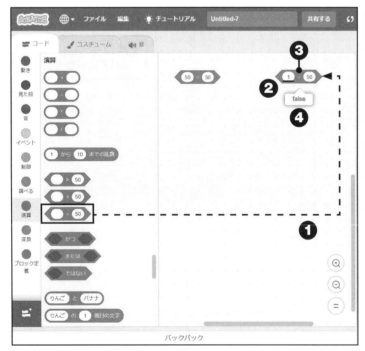

❶ 「○＝50」ブロックをスクリプトエリアにドラッグします。

❷ 「○」に「1」を入力します。

❸ 「＝」のあたりをクリックします。

❹ 「false」と表示されたことを確認します。

💡 ヒント

「○＝50」ブロックのtrueとfalse

先に作った「50＝50」ブロックでは、「50＝50」は正しいですね。このため、比較演算をする「50＝50」ブロックの演算結果は「真」すなわち「true」となります。一方、「1＝50」ブロックでは「1＝50」が正しくないため、この式は成立しません。このため「1＝50」ブロックの演算結果は「偽」すなわち「false」になります。

「～より大きい」ことを調べる比較演算

Step 1 「○＞50」ブロックの動作を確認します。

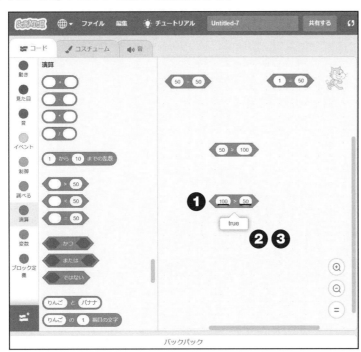

❶ 「○＝50」ブロックと同じ手順で 「○＞50」ブロックをスクリプトエリアに追加し、「○」の部分に 「100」を入力します。

❷ 「＞」のあたりをクリックします。

❸ 「true」と表示されたことを確認します。

💡 ヒント
「100＞50」ブロックの実行結果
「100＞50」は言い換えると「100は50より大きい」です。これは正しい記述です。このため「100＞50」ブロックを実行すると「true」という値が返ってきます。

Step 2 成立しない値を入力して動作を確認します。

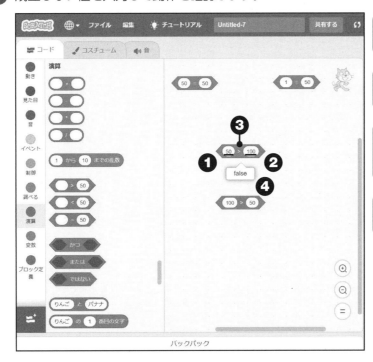

❶ 「100＞50」ブロックの「100」を 「50」に書き換えます。

❷ 右側の「50」を「100」に書き換えます。

❸ 「50＞100」ブロックになったところで「＞」の当たりをクリックします。

❹ 「false」と表示されたことを確認します。

⚠ 重要　　**「～より小さい」の動作**
　具体的な手順は示しませんが、「～より小さい」という比較をするための「○＜50」ブロックの動作も確認しておくとよいでしょう。操作手順は「○＞50」ブロックのときと同じです。左右の値を変えて、実行結果がどのように表示されるか確かめましょう。

ここまでの手順で作成した「50＜100」ブロックや、動作を試した「〜より小さい」の「○＜50」ブロックは、ここから先のプログラムでは使いません。そのまま残しておいても支障はありませんが、スクリプトエリアが狭くなると使い勝手が悪くなるので、ブロックパレットにドラッグして削除しておくとよいでしょう。以降の説明は、必要なブロック（「50＝50」および「1＝50」）だけを残した状態を前提にしています。

論理演算

論理演算は、主として2つの条件を同時に扱うときに使う演算です。

論理演算を使う場面を考えてみましょう。たとえば自動車の運転免許を取得するには実技試験と学科試験の両方に合格している必要があります。

免許を取得するには、「実技試験に合格する（条件1）」と「学科試験に合格する（条件2）」が両方とも、つまり「条件1かつ条件2」が満たされている必要があります。この「かつ」が両方の条件を満たしていることを示します。

		条件1 実技試験に合格する	
		○	×
条件2 学科試験に合格する	○	◎	×
	×	×	×

別の例を考えてみます。もし、免許制度が違っていて、実技試験か学科試験か、どちらかに合格していればいいということになっていた場合を考えてみましょう。この場合には、「実技試験に合格する（条件1）」もしくは「学科試験に合格する（条件2）」のどちらか一方が満たされていれば免許を取得できます。つまり「条件1または条件2」が満たされていればいいことになります。この「または」がどちらかいずれの条件を満たしていることを示します。この場合、両方を受験して、両方に合格してももちろんOKです。

		条件1 実技試験に合格する	
		○	×
条件2 学科試験に合格する	○	◎	◎
	×	◎	×

「両方を満たす」と「どちらかを満たす」の論理演算のために用意されているブロックが、「◆かつ◆」ブロックと「◆または◆」ブロックです。

両方を満たす　　　　　どちらかを満たす

「◆」にあたる濃い緑の部分に条件を示すブロックを組み込みます。そうしたブロックは「true」もしくは「false」を出力するものでなくてはなりません。「◆かつ◆」ブロックも「◆または◆」ブロックも、組み込まれた2つのブロックから出力されるのが「true」なのか「false」なのかを見て、その組み合わせにより自分も「true」もしくは「false」を出力します。

なお本書で扱うプログラムでは利用しませんが、論理演算にはもう1種類「〜ではない」という演算もあります。これは設定した条件を「満たさない」ときに「真」となる論理演算です。Scratchでは「◆ではない」ブロックとして用意されています。

「〜ではない」

本章で作成する「数字当てゲーム」では、「◆または◆」ブロックが重要な役割を持ちます。また、多くのスクリプトで「◆かつ◆」ブロックも頻繁に使われます。そこで、この2つのブロックの基本的な動作を確認しながら、「数字当てゲーム」を作り込んでいきましょう。

論理演算の基本動作

操作 「◆かつ◆」ブロックの動作を確認する

Step 1 「◆かつ◆」ブロックを追加します。

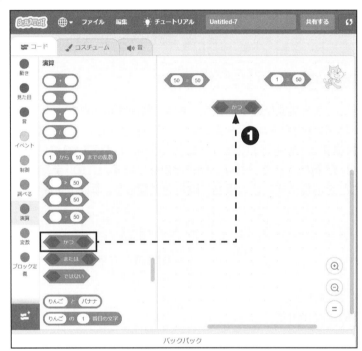

❶ [演算] カテゴリにある「◆かつ◆」ブロックをスクリプトエリアにドラッグします。

Step 2 2つの条件を「◆かつ◆」ブロックに組み込みます。

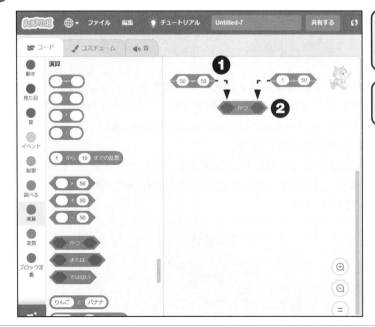

❶ すでに作成していた比較演算の「50＝50」ブロックを、左側の濃い緑の部分にドラッグします。

❷ 同様に「1＝50」ブロックを右側の濃い緑の部分にドラッグします。

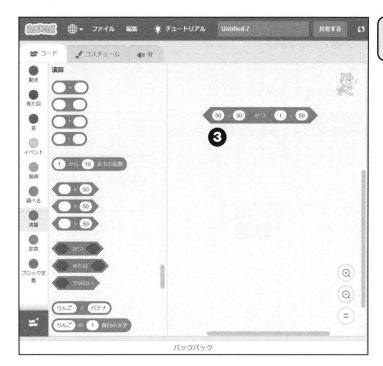

❸ 「50=50かつ1=50」ブロックにな
りました。

Step 3 ブロックの動作を確認します。

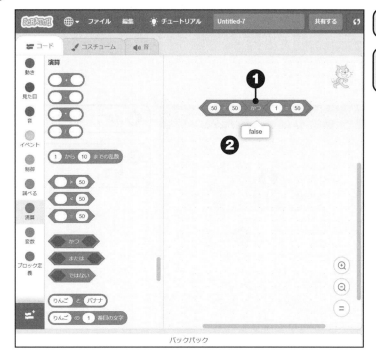

❶ 「かつ」のあたりをクリックします。

❷ 「false」と表示されたことを確認し
ます。

⚠ **重要** **「false」と判断した理由**

「50=50かつ1=50」ブロックでは「50=50」および「1=50」という2つの条件が満たされているかを調べま
す。この場合、「50=50」は正しいので「真」です。このため「50=50」ブロックは「true」を出力します。一方
「1=50」は正しくないので「偽」です。このため「1=50」ブロックは「false」を出力します。これを「50=50か
つ1=50」ブロックとしてみたとき、左側の条件はtrueなのに対して、右側の条件はfalseです。この結果、両方
がtrueではないため「false」を出力します。

Step 1 右側の条件もtrueになるように書き換えます。

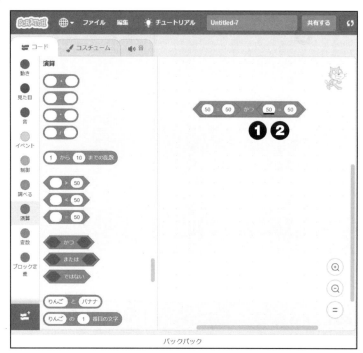

❶「1＝50」の部分の「1」をクリックして、「50」を入力します。

❷値の入力欄以外の領域をクリックして入力を確定します。

Step 2 変更後の動作を確認します。

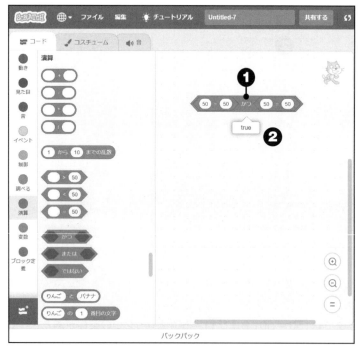

❶「かつ」のあたりをクリックします。

❷「true」と出力されたことを確認します。

操作👉 「◆または◆」ブロックの動作を確認する

Step 1 「◆または◆」を使った論理演算のブロックを作ります。

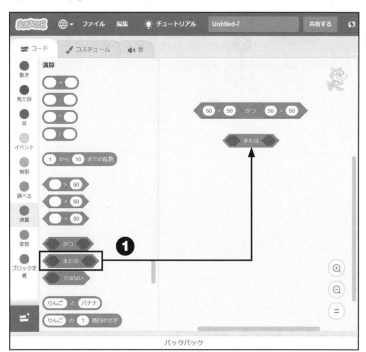

❶ 「◆または◆」ブロックをスクリプトエリアに追加します。

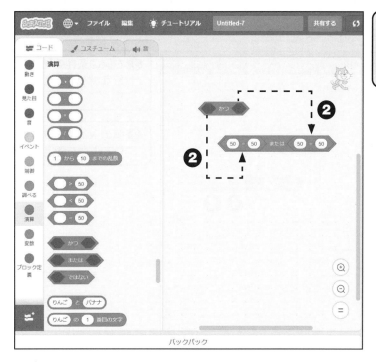

❷ 「50=50かつ50=50」ブロックから左と右の条件のブロックをそれぞれ「◆または◆」ブロックにドラッグして移します。

Step 2 ブロックの動作を確認します。

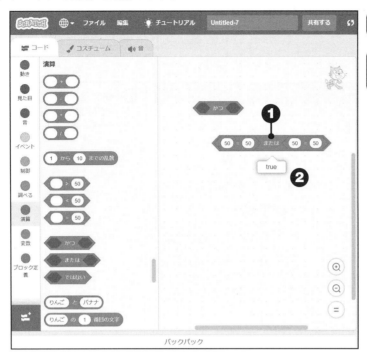

❶ 「かつ」のあたりをクリックします。

❷ 「true」と表示されたことを確認します。

操作 👉 **条件が「false」になったときの動作を確認する**

Step 1 右側の条件を「false」になるよう変更します。

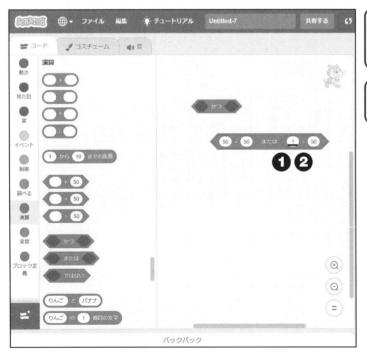

❶ 右側の条件で「50＝」の「50」の部分をクリックし、「1」を入力します。

❷ 値の入力欄以外の領域をクリックして入力を確定します。

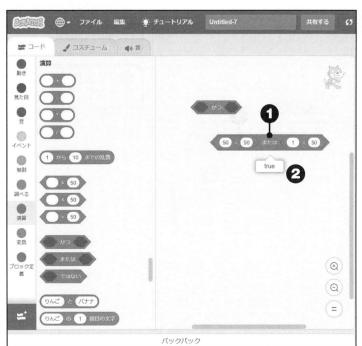

❶「または」のあたりをクリックします。

❷「true」と表示されことを確認します。

💡 **ヒント**

「true」になった理由

「または」のブロックの場合、どちらか一方の条件がtrueならば出力は「true」になります。「50＝50または1＝50」ブロックの場合、左側の条件がtrueのため、このブロックでは「true」が出力されます。

- - - - - - - - - - - - - - - - - - -

Step 3 両方の条件とも「false」になるよう変更します。

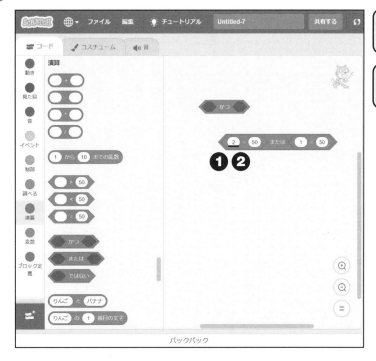

❶「50＝50」の左側の50の部分をクリックし、「2」を入力します。

❷値の入力欄以外の領域をクリックして入力を確定します。

変更後の動作を確認します。

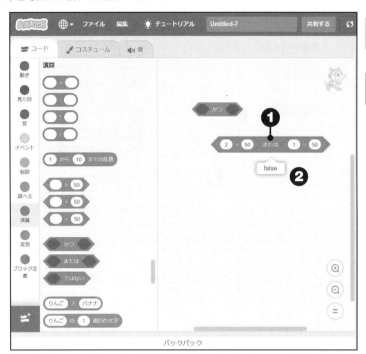

❶「または」のあたりをクリックします。

❷「false」と表示されたことを確認します。

変数

プログラムが複雑になってくると、必然的にさまざまな値を扱うことになります。処理が進むに伴い値が変わることもあれば、ユーザーが入力するためあらかじめどんな値になるかわからないような場合もあります。プログラム中で変わってしまう値としては、ゲームのスコアなどが考えられますし、ユーザーが入力する値の例としては、本章で作った「年齢計算プログラム」の「生まれた年」などがあります。いずれもプログラムを作る時点では最終的にどうなるかわからない値です。このため、あらかじめブロックの中に特定の値を書き込んでおくことはできません。

そうしたときに使うのが「変数」です。変数はさまざまな値を一時的に保存し、プログラムの中で利用できるようにしておく仕組みです。変数には名前が必要です。ある変数に値を記録しておけば、プログラムの中ではその変数名を指定するだけで、変数に記録してある値をプログラム中で利用できます。

今作成中の「数字当てゲーム」では、4種類の変数を使います。ここではまず、Scratchで変数をどのように扱うのか、変数を使うとどのような処理を作ることができるのかを学ぶことから始めましょう。

変数の作り方と使い方の基本

変数を利用するためには、まず変数を作る必要があります。作った変数に値を入れておくと、以後はその変数ブロックをスクリプトの中で用いることで、いつでもその値を利用することができます。まずは値を再利用するところまで、具体的なブロックを使って試してみましょう。

・・・

操作👉 変数を作成する
・・・

Step 1 変数を作るには [変数を作る] ボタンを押します。

❶ [変数] カテゴリを選びます。

❷ [変数を作る] ボタンをクリックします。

💡 ヒント

[変数を作る]ボタン

ここまでの操作と異なり、変数を作る操作はブロックパレットからスクリプトエリアにブロックをドラッグするのではなく、ブロックパレットに用意されたボタンを押す操作をします。

Step 2 変数の名前を決めます。

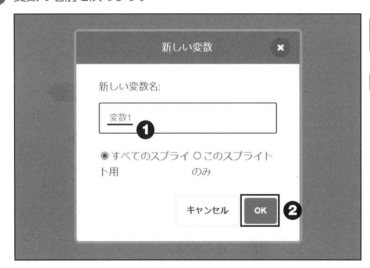

❶ 変数に名前を付けます。ここでは「変数1」にします。

❷ OKボタンを押します。

❸ ステージ左上に「変数1　0」と表示
され、変数が作成できたことがわ
かります。

Step 3 変数の値を指定するブロックを追加します。

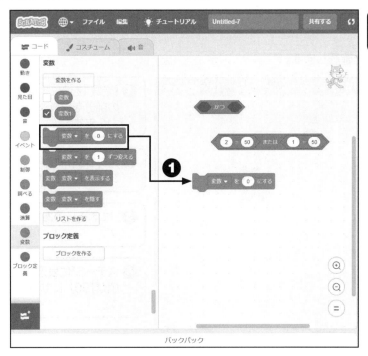

❶「変数を0にする」ブロックをスク
リプトエリアに追加します。

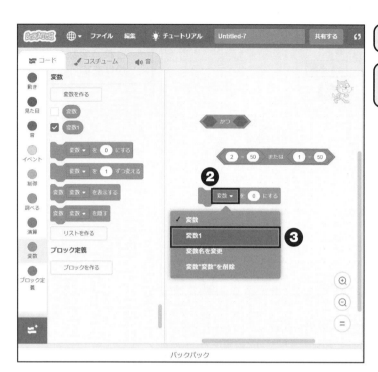

❷「変数」の部分をクリックします。

❸ 開いたメニューから先ほど作成した[変数1]を選びます。

Step 4 変数の値を指定して動作を確認します。

❶「変数1を0にする」ブロックの「0」の部分をクリックして、「50」を入力します。

❷ スクリプトエリアのどこかをクリックして入力を確定します。

❸「にする」のあたりをクリックします。

❹ ステージに表示された「変数1」の値が「50」になったことを確認します。

Step 1 「2＝50」ブロックを「または」ブロックから抜き出します。

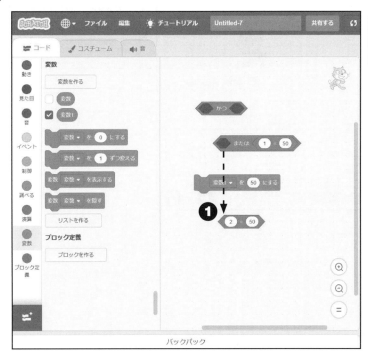

❶ 「2＝50または50＝50ブロック」から比較演算の「2＝50」ブロックをドラッグして取り外します。

Step 2 「変数1」ブロックを使って「変数1＝50」ブロックを作ります。

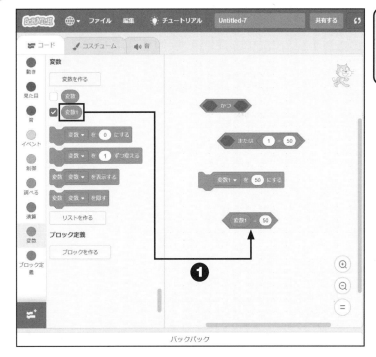

❶ ブロックパレットの「変数1」ブロックを「2＝50」ブロックの「2」の部分にドラッグして「変数1＝50」ブロックに作り替えます。

Step 3 変数を使った比較演算ブロックの動作を確認します。

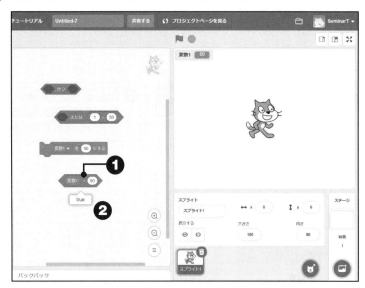

❶ 「=」のあたりをクリックします。

❷ 「true」と表示されることで、変数の値と「50」が等しいことを確認します。

「数字当てプログラム」

ここまで比較演算、論理演算、変数の基本的な使い方を見てきました。その過程で使ってみたブロックをもとに、「数字当てプログラム」を作ってみましょう。プログラムは1から3までの数を2つ用意します。これはユーザーからはわかりません。ユーザーはこれを予想して2つの数を答えとして入力します。2つのうち1つでも当てられれば正解、ユーザーの勝ちとなるゲームです。

プログラムが用意する数とユーザーの答えとなる数のために変数を用意します。プログラムが用意した数とユーザーの答えが一致しているかどうかを調べるのに比較演算を使います。2つの数のうちどちらか1つでも当たっているかどうかを調べるために論理演算を使います。

では、実際のプログラムに比較演算、論理演算、変数をどのように使っていくのか、プログラム作りを通じて見ていきましょう。

質問用のメッセージを表示するスクリプト

まず最初にプロジェクト名を設定し、プログラムの起動時にユーザーに表示するメッセージを作成するスクリプトを作ります。

....

操作👈 プロジェクトタイトルを付ける

....

Step 1 プロジェクトタイトルを「数字当てプログラム」に変更します。

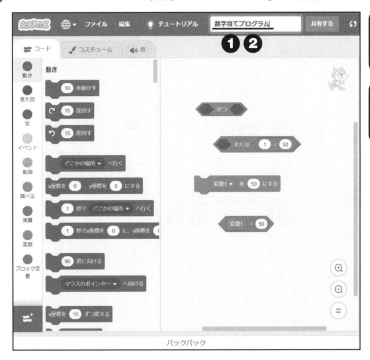

❶ プロジェクトタイトル欄をクリックし、「数字当てプログラム」と入力します。

❷ プロジェクトタイトル欄以外の場所をクリックし、タイトルを確定します。

プログラムの起動時に、ユーザーに問いかけるメッセージを表示します。具体的には「僕の考えている2つの数字を当てて下さい」と3秒間表示します。その際、半角で1から3の数字を入れてもらうような注意もいっしょに表示させましょう。

Step 1 「こんにちは！と2秒言う」ブロックを追加します。

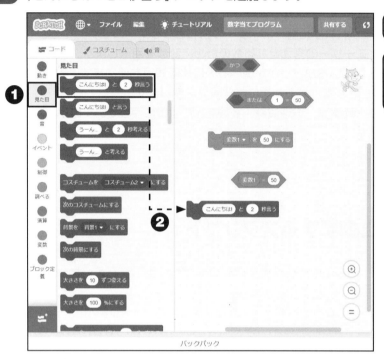

❶ [見た目] カテゴリを選びます。

❷ 「こんにちは！と2秒言う」ブロックをスクリプトエリアにドラッグします。

Step 2 メッセージ内容と表示する時間を変更します。

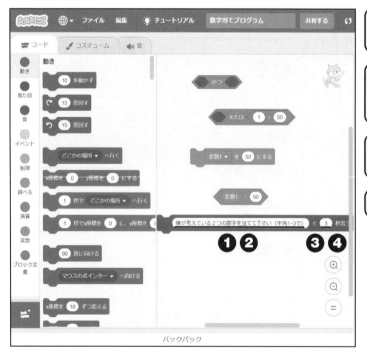

❶ 「こんにちは！」の部分をクリックします。

❷ 「僕が考えている2つの数字を当てて下さい（半角1〜3で）」と入力します。

❸ 「2秒言う」の「2」の部分をクリックします。

❹ 「3」を入力します。

問題にする2つのランダムな数字

プログラムが用意する2つの数字をランダムに決めます。これが問題になります。ここでは乱数を発生させるブロックを使って、この2つの数字がプログラムを実行するたびに変わるようにします。

操作 👉 問題となる数字をランダムに決める

Step 1 乱数を発生させるブロックを追加します。

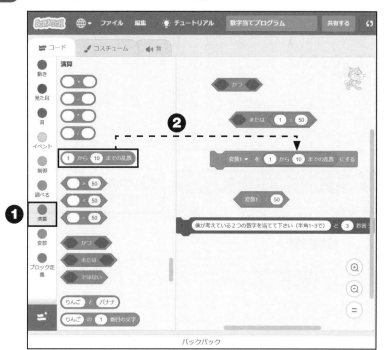

❶ [演算] カテゴリを選びます。

❷ 「1から10までの乱数」ブロックをドラッグし、「変数1を50にする」ブロックの「50」の部分に組み込みます。

Step 3 3までの数をランダムに生成するように変更し、スクリプトに追加します。

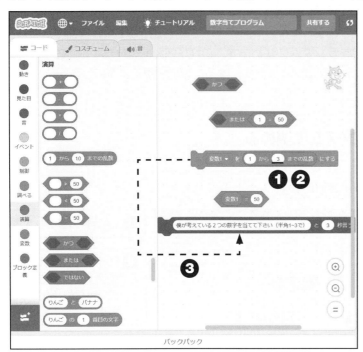

❶「1から10まで」の「10」の部分を
クリックします。

❷「10」を「3」に書き換えます。

❸「変数1を1から3までの乱数にする」
ブロックを、「僕が考えている……
と3秒言う」ブロックの下にドラッ
グします。

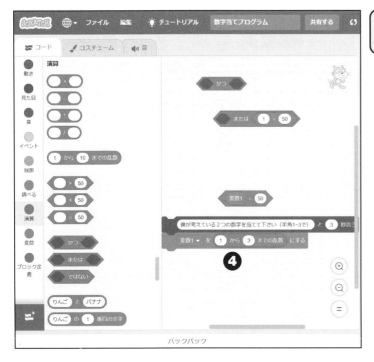

❹2つのブロックがつながったことを
確認します。

操作 👈 2番目の変数を作ってもう1つの問題を乱数で作る

Step 1 新しい変数を作ります。

❶ [変数] カテゴリを選びます。

❷ [変数を作る] ボタンをクリックします。

Step 2 新しい変数「変数2」を作ります。

❶ 変数名として「変数2」を入力します。

❷ OKボタンを押します。

操作 作成済みのブロックを複製して変数2の値を生成する

． ．

変数2に乱数を使って数値を設定するブロックは、変数1とほとんど同じです。そこで変数1用のブロックを複製し、変数2用に手直しすることで、少ない手数で必要なブロックを作ります。

Step 1 変数1用のブロックを右クリックします。

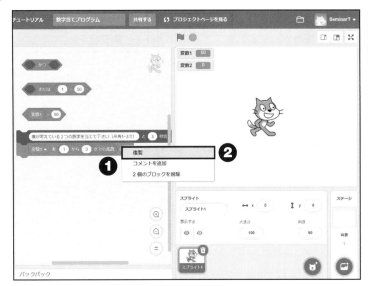

❶「変数1を1から3までの乱数にする」ブロックの「にする」のあたりを右クリックします。

❷表示されたメニューから「複製」をクリックします。

Step 2 複製したブロックをスクリプト末尾に追加します。

❶複製したブロックはマウスポインターとともに移動するので、スクリプトの下に向けてマウスポインターを動かします。

❷スクリプトの末尾にくっつけられる位置で、左マウスボタンをクリックします。

💡 **ヒント**

複製したブロックの移動

メニューから「複製」を選ぶと、複製されたブロックがマウスポインターにくっついたように表示されます。このブロックを動かすのにドラッグする必要はありません。ボタンを押さずにマウスポインターを動かし、ブロックを配置したい場所でマウスの左ボタンを押すと、そこにブロックが固定されます。

- -

Step 1 メニューを開いて変数名を変更します。

❶ 一番下のブロックの「変数1」の部分をクリックします。

❷ 開いたメニューから「変数2」をクリックします。

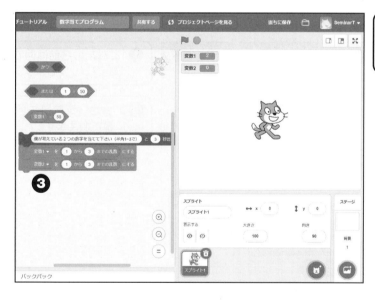

❸「変数2を1から3までの乱数にする」ブロックになったことを確認します。

ユーザーが解答する処理

次にユーザーに答えを入力してもらう処理をスクリプトにしましょう。ここからは、①ユーザーに解答を入力するよう促すメッセージを表示する、②ユーザーの入力を受け取る、という2つの処理が必要になります。これを2つの数字について聞くので、同様の処理をもう一度繰り返します。

ユーザーに入力を促して、その入力を受け取るには、「年齢計算プログラム」で使った「〜と聞いて待つ」ブロックを使います。また、2つの数字をユーザーの答えとして取り扱うことになるため、ユーザーの入力した値を格納する変数も2つ必要です。

操作 👉 数字の入力を促すメッセージを設定する

Step 1 「あなたの名前は何ですか？と聞いて待つ」ブロックを追加します。

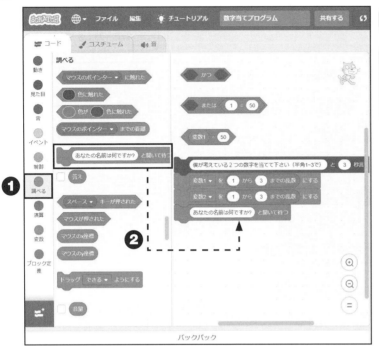

❶ [調べる] カテゴリを選びます。

❷ 「あなたの名前は何ですか？と聞いて待つ」ブロックをドラッグし、「変数2を1から3までの乱数にする」ブロックの下につなげます。

Step 2 メッセージを「数字当てプログラム」用に書き換えます。

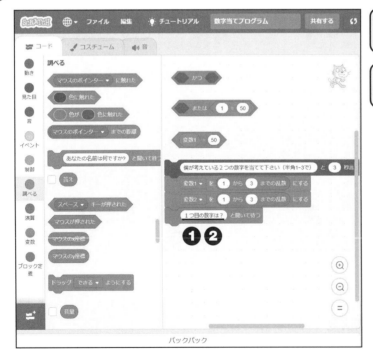

❶ 「あなたの名前は何ですか？」の部分をクリックします。

❷ メッセージを「1つ目の数字は？」に書き換えます。

Step 1 新しい変数を作ります。

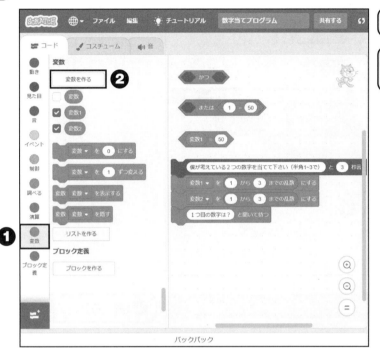

❶ [変数] カテゴリを選びます。

❷ [変数を作る] ボタンをクリックします。

Step 2 ユーザーの入力値用であることがわかる名前にします。

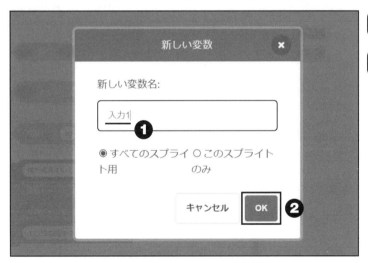

❶ 変数名を「入力1」にします。

❷ OKボタンを押します。

Step 3 ユーザーの入力を変数の値にする処理を作ります。

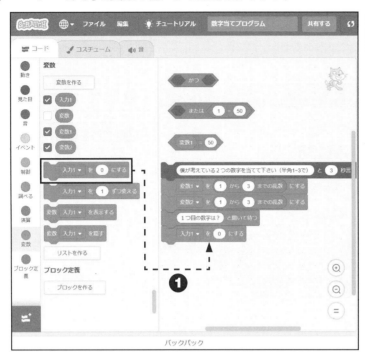

❶ 「入力1を0にする」ブロックを、スクリプトの一番下に追加します。

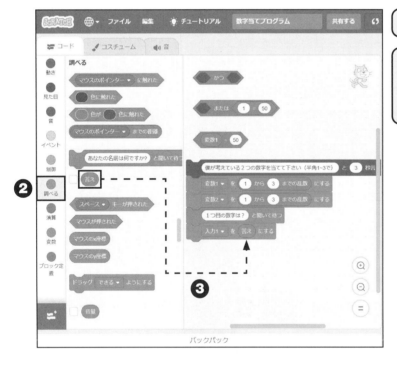

❷ [調べる] カテゴリを選びます。

❸ 「答え」ブロックを「入力1を0にする」ブロックの「0」のところにドラッグし、「入力1を答えにする」ブロックに書き換えます。

操作 👉 同じ手順を繰り返して2つ目の答え用のスクリプトを作る

Step 1 2つ目の入力用の変数を新たに作ります。

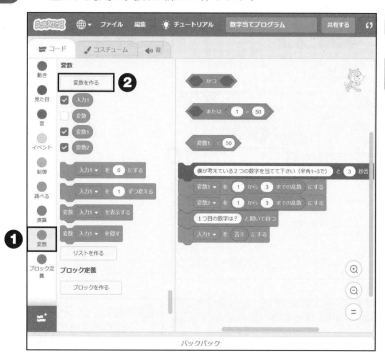

❶ [変数] カテゴリを選びます。

❷ [変数を作る] ボタンをクリックします。

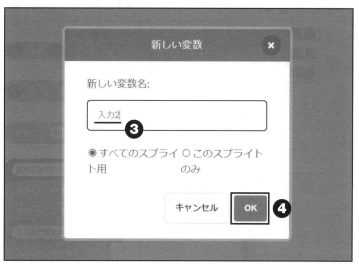

❸ 変数名を「入力2」にします。

❹ OKボタンを押します。

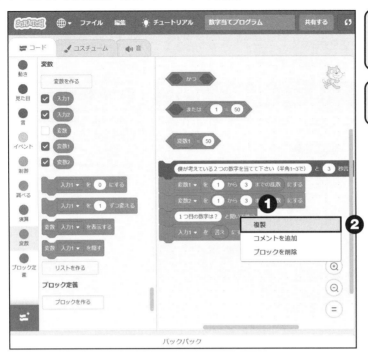

❶ 「1つ目の数字は？と聞いて待つ」
ブロックの「聞いて待つ」のあたり
を右クリックします。

❷ 開いたメニューから[複製] を選び
ます。

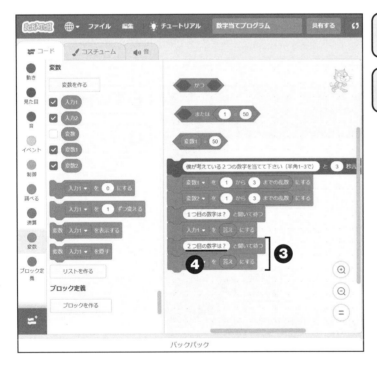

❸ 複製したスクリプトが全体の一番
下になるように配置します。

❹ 複製した「1つ目の数字は？」の「1」
を「2」に書き換えます。

Step 3 複製したブロックで扱う変数を変更します。

❶ 複製したブロックの「入力1」をクリックします。

❷ 開いたメニューから[入力2]を選びます。

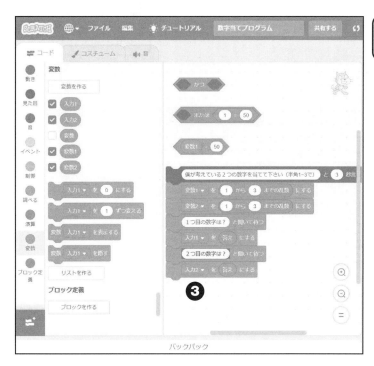

❸「入力2を答えにする」ブロックになったことを確認します。

正解を判定するスクリプト

ここまでの処理で、プログラムが用意した2つの数字（問題）、ユーザーが入力した2つの数字（答え）をすべて扱うことができるようになりました。そこで次に答え合わせをする処理を作ります。それぞれの数字で問題と答えの数字が合っているかどうかは比較演算で調べます。また、2つの数字のうちどちらかを当てればいいというルールなので、「少なくともどちらか1つが合っている」ことを調べるのに論理演算を使います。また、正解かどうかをユーザーに知らせるときに、合っているとき、2つともハズレだったときでメッセージを変えてみましょう。それには条件分岐を使います。このように、ここまでで学んできたことを使ってプログラムを仕上げていきます。

操作 👉 正解となる条件を作る

Step 1 条件分岐のブロックを追加します。

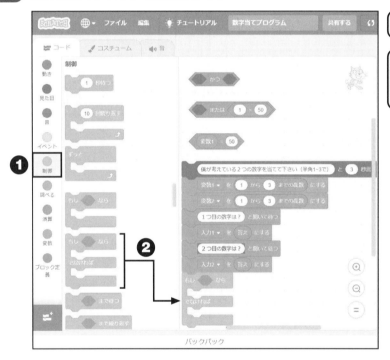

❶ [制御] カテゴリを選びます。

❷ 「もし～なら　でなければ」ブロックをスクリプトの末尾に追加します。

Step 2 残してある「変数1＝50」ブロックを再利用して1つ目の条件を作成します。

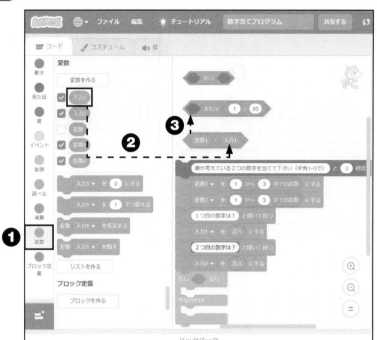

❶ ［変数］カテゴリを選びます。

❷ 「入力1」ブロックをスクリプトエリアに残してある「変数1＝50」ブロックの「50」の部分にドラッグします。

❸ 「変数1＝入力1」ブロックを、「◆または1＝50」ブロックの左側の条件部分にドラッグします。

❹ 「変数1＝入力1または1＝50」ブロックになったことを確認します。

Step 3 同様の手順で2つ目の条件を「または」ブロックに作成します。

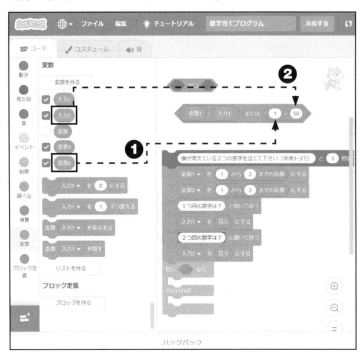

❶ ブロックパレットの「変数2」ブロックを「変数1＝入力1または1＝50」ブロックの「1」部分にドラッグします。

❷ ブロックパレットの「入力2」ブロックを「変数1＝入力1または変数2＝50」ブロックの「50」部分にドラッグします。

Step 4 修正した条件ブロックを「もし～なら　でなければ」ブロックの条件にします。

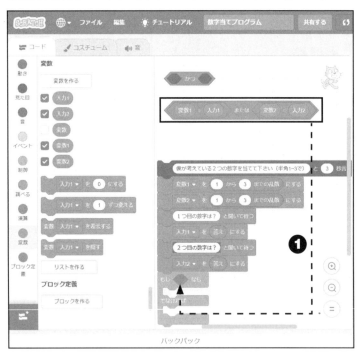

❶「変数1＝入力1または変数2＝入力2」ブロックを「もし～なら　でなければ」ブロックの条件部分（濃い茶色の六角形の部分）にドラッグします。

❷ 正しく条件として設定できたこと
を確認します。

操作 👉 結果を示すメッセージを作成する

Step 1 条件を満たす場合の処理に「こんにちは！と言う」ブロックを追加します。

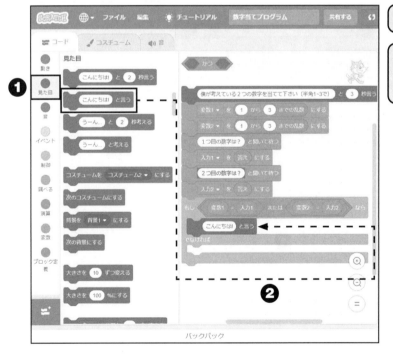

❶ [見た目] カテゴリを選びます。

❷ 「こんにちは！と言う」ブロックを
「もし～なら」の次のくぼみにド
ラッグします。

Step 2 正解用のメッセージに書き換えます。

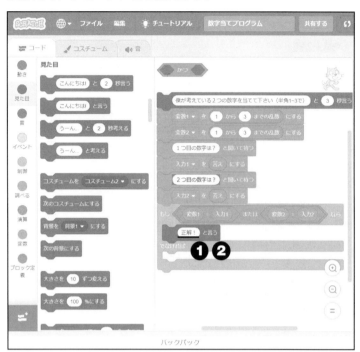

❶「こんにちは！」の部分をクリックします。

❷ 表示するメッセージを「正解！」に書き換えます。

Step 3 不正解用のメッセージを追加します。

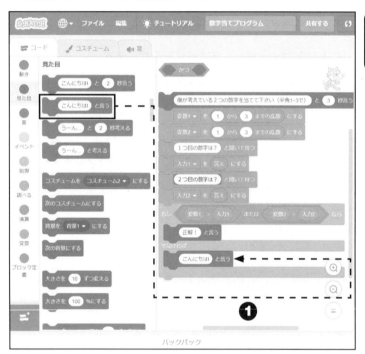

❶ もう一度「こんにちは！と言う」ブロックをドラッグし、「でなければ」の下のくぼみにドラッグします。

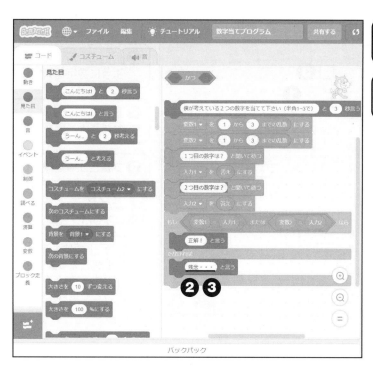

❷「こんにちは！」の部分をクリックし、「残念…」と入力します。

❸テキスト入力欄以外のところをクリックし、入力を確定します。

操作☞ **スクリプト全体の動作を確認する**

これでプログラムは完成です。スクリプトを動作させて、思った通りに処理ができているか確認しましょう。

Step 1 最初のメッセージから答えの入力欄が表示されるところまでを確認します。

❶一番上のブロックの「待つ」のあたりをクリックします。

❷ステージ上でプログラムの起動時のメッセージおよび1つ目の数字の入力を促すメッセージに続いて、答えの入力欄が表示されるかどうかを確認します。

Step 2 正解となるパターンを入力して動作を確認します。

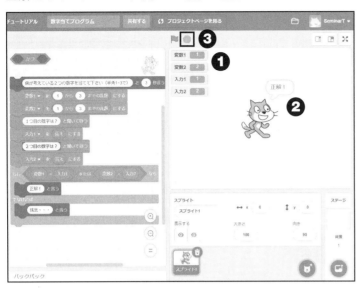

① 画面の指示に従って、正解となるように数字を入力します。

② 正解時に示すメッセージが表示されたことを確認します。

③ プレビューを停止します。

💡 ヒント

正解となるパターン

この段階ではステージに表示された「変数1」「変数2」の値を見ることで、正解もしくは不正解となる数字をそれぞれ確認できます。どちらか一方が正解になるパターン、両方とも正解になるパターンを試してみましょう。

Step 3 不正解となるパターンを入力して動作を確認します。

① もう一度、動作確認のためにスクリプトを開始し、不正解となるように答えを入力します。

② 不正解のときに示すメッセージが表示されたことを確認します。

③ プレビューを停止します。

Step 4 ステージ上に表示された変数を非表示にしてプログラムを完成させます。

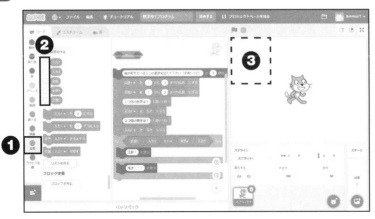

① [変数] カテゴリを選びます。

② 「入力1」「入力2」「変数1」「変数2」のチェックをオフにして、チェックが残っているものがないようにします。

③ ステージ上の変数表示が消えたことを確認します。

この章の確認

- ☐ 四則演算について理解できましたか？
- ☐ たし算、ひき算、かけ算、わり算に使うブロックを見つけられますか？
- ☐ 比較演算について理解できましたか？
- ☐ 比較演算はどのようなときに使いますか？
- ☐ 比較演算をするために使うブロックを見つけられますか？
- ☐ 比較演算のためのブロックをプレビューすると、どのような値を結果として表示しますか？
- ☐ 論理演算について理解できましたか？
- ☐ 論理演算はどのようなときに使いますか？
- ☐ 論理演算をするために使うブロックにはどんなものがありますか？
- ☐ 論理演算のためのブロックをプレビューすると、どのような値を結果として表示しますか？
- ☐ 「または」と「かつ」の違いについて理解できましたか？
- ☐ 変数について理解できましたか？
- ☐ 変数を作るときの手順を理解できましたか？
- ☐ 変数を使って演算するとき、変数をどのようにブロックの中で用いるか理解できましたか？
- ☐ プログラムの作成中は変数の値をどこで確認しますか？
- ☐ プログラムを完成させるときに、変数の表示を消す方法はわかりましたか？

復習問題 問題 4-1

「数字当てプログラム」の難易度を変えてみましょう。

1. 変数1の乱数の範囲を1から4に変更しましょう。

2. 変数2の乱数の範囲を1から4に変更しましょう。

3. プログラムの起動直後に表示されるメッセージを「僕が考えている2つの数字を当てて下さい（半角1〜4で）」に変更しましょう

4. 変更後の「数字当てプログラム」を何回か実行して、正解の頻度が下がったことを確認しましょう。

問題 4-2

「数字当てプログラム」を改変して、いずれか1つが当たったら正解にするのではなく、両方とも当たらないと正解にならないように難易度を上げてみましょう。

1. 「◆または◆」ブロックを使っているところを「◆かつ◆」ブロックに変え、条件となるブロックを「変数1＝入力1かつ変数2＝入力2」に変えましょう。

2. 変更後の「数字当てプログラム」を何回か実行して、正解の頻度が下がったことを確認しましょう。

問題 4-3

乱数の設定を変更して、難しくなりすぎた「数字当てプログラム」の難易度を下げてみましょう。

1. 変数1の乱数の範囲を「1から4」から「1から2」に変更しましょう。

2. 変数2の乱数の範囲を「1から4」から「1から2」に変更しましょう。

3. プログラムの起動直後に表示されるメッセージを「僕が考えている2つの数字を当てて下さい（半角1～2で）」に変更しましょう

4. 変更後の「数字当てプログラム」を何回か実行して、正解の頻度が上がったことを確認しましょう。

第5章

背景、スプライト、イベント

■ より高度なプログラムを作る
■ 背景
■ スプライト
■ 「たし算マシーン」プログラム
■ 「たし算マシーン」の作成
■ 作品の完成と公開

より高度なプログラムを作る

ここまでは、プログラミングの基本的な知識を解説しながら、その範囲内でプログラムを作ってきました。本章では、Scratchのプログラムをより楽しくするためのテクニックや、仕上げに必須の操作、完成した作品を公開して多くの人に楽しんでもらう方法などを紹介します。

■ ステージの背景

ここまで、ステージではほとんど何も変更をしてきませんでした。白い背景のまま、スプライトを動かすスクリプトを作ることに集中してきました。背景は、プログラムを使う／遊ぶ側が持つプログラムのイメージを左右する要素です。Scratchにはあらかじめたくさんの背景画像が用意されています。自分が作るプログラムにピッタリの背景を探してみましょう。

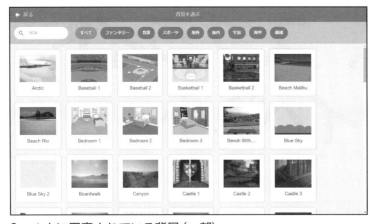

Scratchに用意されている背景（一部）

本章のプログラムでは、そのうちの1つを選んで作るようにしています。でも、背景のイメージ自体はプログラムの動作に影響しません。Scratchの操作やプログラミングに慣れてきたら、自分で背景を入れ替えてみたり、作り直すときに別の背景を選んでみたりと、自分なりの工夫を凝らしてみてください。

■ スプライトの活用

前章までは、プログラムで使うスプライト（ステージに表示されるキャラクター）は、初期設定のネコをずっと使い続けてきました。このスプライトにも、さまざまな画像が用意されています。

Scratchに用意されているスプライト（一部）

Scratchのプログラムで扱えるスプライトは1つとは限りません。1つのプログラムの中で、複数のスプライトを扱うことができます。本章では、初期設定のスプライトを別のものに変更する方法や、2つ以上のスプライトでプログラミングする方法を学びます。読み込んだスプライトの見た目を変える方法も紹介するので、自分でプログラミングするときの自由度が格段に上がるはずです。
Scratchでは、使用するスプライトごとにどういう動作をするのか、ブロックを組んでスクリプトを作成します。このため、今進めているスクリプトの作成がどのスプライトに対してなのかについて気を付ける必要があります。その点については、その必要が出てきたところであらためてくわしく説明します。

■ イベント
複数のスプライトを扱うようになると、「イベント」への理解が必要になります。イベントとは、スクリプトを動作させる「きっかけ」のようなものです。本章で作成するプログラムでは「スタートボタンが押されたとき」というブロックを使います。これはプログラムのユーザーが緑の旗のスタートボタンを押したときにスクリプトを動作させるようにするためのブロックです。「スタートボタンを押す」ことがきっかけ、すなわちイベントになっているわけです。このため、「スタートボタンが押されたとき」ブロックは [イベント] カテゴリにあります。
スタートボタンを押すことがイベントになるということは、プログラムの開始時からスクリプトが動作するということです。でも、スプライトによっては最初から動く必要はないものもあります。本章で作るプログラムでは、スプライトをクリックしたときにだけ動作するスクリプトも作ります。そういうスクリプトのために、「このスプライトが押されたとき」ブロックが用意されています。

本章のプログラムで使うイベントブロック

スタートボタンが押されたとき

このスプライトが押されたとき

Scratchの [イベント] カテゴリには、これ以外にもキーボードの指定したキーが入力された場合や背景が変わった場合、音量が大きくなった場合、他のスプライトのスクリプトから指示が来た場合などに、それをイベントとして動作するためのブロックが用意されています。
ここではまず、「スタートボタンが押されたとき」ブロックと「このスプライトが押されたとき」ブロックの使い方を通じて、イベントの考え方と活用法を学びます。

■ プログラムの共有
プログラムが完成したら、ぜひ誰かに使ってもらいましょう。インターネットが使える人ならば、誰にでもプログラムを使ってもらえます。そのために用意されている機能が「共有」です。プログラムを共有することで公開用のURLが作成されます。

公開用のURL

　このURLを使ってもらいたい人にメールなどで教えてあげましょう。メール本文のリンクをクリックすれば、簡単に自分のプログラムを使ってもらえます。使ってみた感想などを聞いて、次の作品に生かすことができればいいですね。

たし算マシーン

　本章では、「たし算マシーン」プログラムを作ります。それに必要なのが「背景」「スプライト」「イベント」です。このプログラムは、「○＋○」の計算をします。ユーザーが入力した数を変数で受け取ったり、その変数を使ってたし算をしたりというのは、前章までに学んだことが応用できます。
　ユーザーが数を入力する際、ステージ上のスプライトをクリックするようにしてもらいます。クリックした回数をたし算に使う数にします。このようなスプライトを「＋」の左側の数用と右側の数用それぞれに用意します。最後に計算を実行するために、専用のスプライトも作ります。つまり、このプログラムでは3つのスプライトを使います。
　前述の通り、「スプライトを押す」ことでたし算用の数をカウントしたり、たし算を実行したりします。これがイベントです。複数のスプライトで異なる処理をする必要があるため、それぞれで動作するきっかけ、すなわちイベントが必要になります。
　ステージが真っ白の背景のままでは殺風景です。「たし算マシーン」プログラムでは、ぜひ見た目にもかっこいい背景を選びたいですね。ではまず、背景にはどのような画像があるのか、どのような手順で背景を選ぶのかから見ていきましょう。

背景

背景を変えると、ステージの印象はガラッと変わります。本章で作る「たし算マシーン」プログラムでは、その機能に合う背景を選んでみました。背景を選ぶ手順は、どの背景でも変わりません。一覧表示を眺めてみて、どのような背景が用意されているのか、一度確認しておくといいでしょう。本書に掲載した画像とは違ってしまいますが、気に入った背景があったらそれを選んで作業を進めてもらってもかまいません。

なお、本書ではくわしく解説しませんが、Scratchには手元のパソコンに保存してある画像を背景に使ったり、自分で絵を描いて背景を作る機能もあります。

新規のプロジェクトに背景を設定

Step 1 新しいプロジェクト画面を開きます。

❶ トップページから[作る]をクリックするか、メニューの[ファイル]から[新規]を選んで、新しいプロジェクト画面を開きます。

操作 👉 背景一覧から検索して「Neon Tunnel」を選択する

Step 1 [背景を選ぶ]ボタンを押します。

❶ 画面右下の[背景を選ぶ]ボタンを押します。

💡 **ヒント**
[背景を選ぶ]ボタン
通常はこのボタンは青で表示されていますが、マウスポインターをボタンに乗せると色が緑に変わり、上のほうに伸びてメニューが表示されます。操作としては、丸いボタンを1回クリックするだけでかまいません。

- - - - - - - - - - - - - - - - - - - -

❷ 背景の一覧画面が表示されます。

Step 2 検索して「Neon Tunnel」を選びます。

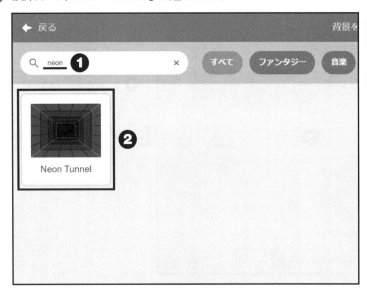

❶ 検索ボックスに「neon」と入力します。

❷ 1文字入力するごとに背景が絞り込まれ、「Neon Tunnel」が表示されたら、これをクリックします。

❸ ステージの背景が変わったことを確認します。

スプライト

新規のエディター画面を開くとネコのスプライトが最初から表示されています。でも、いつでもこのスプライトを使いたいとは限りません。また、複数のスプライトを使うこともあるでしょう。そこでスプライトを削除したり、追加したりする手順を覚えましょう。追加したスプライトにスクリプトを作る手順はこれまで見てきたやり方とほとんど変わりませんが、ネコ以外のスプライトの削除や追加をしたときには注意が必要なポイントもあります。

スプライトの追加と削除

操作 👉 **不要なスプライトを削除して新しいものを読み込み**

Step 1 標準のスプライトを削除します。

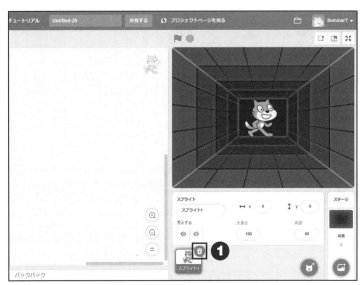

❶ スプライトリスト上に最初から用意されていたネコを、アイコン右肩にあるごみ箱のボタンをクリックして削除します。

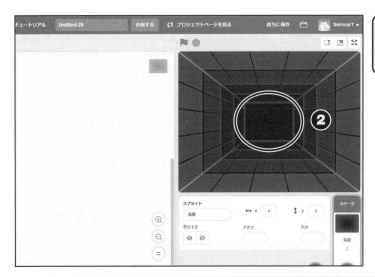

❷ ステージおよびスプライトリストからスプライトがなくなったことを確認します。

Step 2 スプライトの一覧表示を開きます。

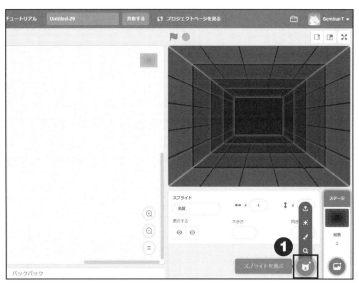

❶ 画面右下の[スプライトを選ぶ]ボタンをクリックします。

💡 ヒント

[スプライトを選ぶ]ボタン
通常はこのボタンは青で表示されていますが、マウスポインターをボタンに乗せると色が緑に変わり、上のほうに伸びてメニューが表示されます。操作としては、丸いボタンを1回クリックするだけでかまいません。

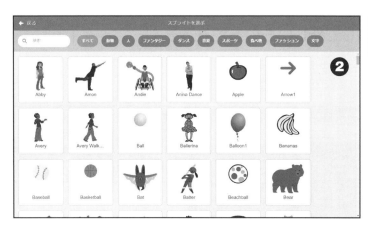

❷ Scratchにあらかじめ用意されているスプライトが一覧表示されます。

Step 3 [Button3]というスプライトを検索します。

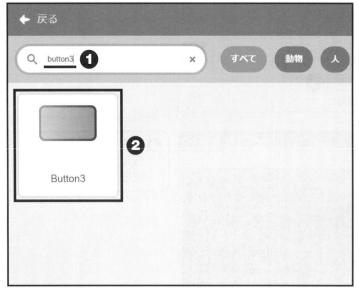

❶ 検索キーワードに「button3」と入力します。

❷ 絞り込まれた画像から[Button3]をクリックします。

💡 ヒント

検索キーワード
入力するキーワードは、大文字／小文字を区別しなくても検索が可能です。

❸ スプライトリストに「Button3」が読み込まれたことを確認します。

❹ ステージにスプライトが表示されていることを確認します。

Step 1 プロパティでスプライトの名前を変更します。

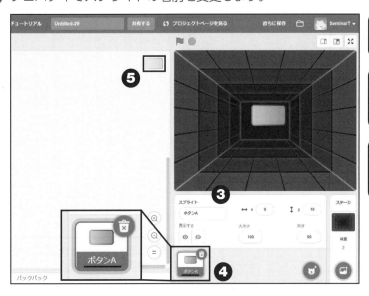

❸ [スプライト] 欄以外の任意の場所をクリックします。

❹ スプライトリストのボタンの名称が「ボタンA」に変わったことを確認します。

❺ スクリプトエリアのスプライトが「ボタンA」のイメージになっていることを確認します。

スプライトをクリックした回数を記録

新しく追加したスプライトのスクリプトを作りましょう。ここでは、このスプライトをクリックした回数を記録し、たし算のもととなる数に使おうと思います。具体的には、回数を記録する変数を作り、初期値に0（ゼロ）を設定します。このスプライトがクリックされるたびに、この変数の値を1ずつ増やすようにします。

操作 👉 回数を記録する変数を作成する

Step 1 新しく変数を作成します。

❶ [変数] カテゴリを選びます。

❷ [変数を作る] ボタンをクリックします。

Step 2 名前が「変数A」の変数を作ります。

❶ [新しい変数] 画面で変数名を「変数A」にします。

❷ OKボタンを押します。

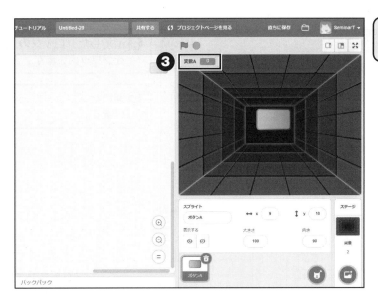

❸ ステージに「変数A」が表示された
ことを確認します。

操作👉 回数を記録する処理を作る

Step 1 「変数を1ずつ変える」ブロックを追加します。

❶「変数を1ずつ変える」ブロックを
スクリプトエリアにドラッグしま
す。

❷ 追加したブロックの「変数」の部分
をクリックします。

❸ 開いたメニューから[変数A]を選
びます。

Step 2 「変数Aを1ずつ変える」ブロックの動作を確認します。

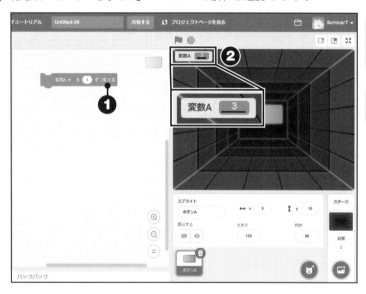

❶ 「変数Aを1ずつ変える」ブロックの
「変える」のあたりをクリックしま
す。

❷ クリックするごとに変数Aの値が1
ずつ増えていくことを確認します。

操作 👉 変数を初期化する処理を作る

たし算を実行するとき、変数Aに何らかの値が入っていては正しく計算できません。そこで、プログラムの開始時に値をゼロにする必要があります。「プログラムの開始時に」というのは後回しにして、ここでは先に変数Aの値を強制的に0にするブロックを作って、動作を確認しておきましょう。

Step 1 「変数を0にする」ブロックを追加します。

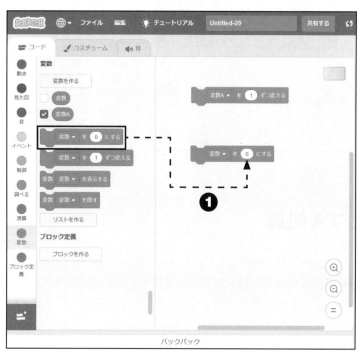

❶「変数を0にする」ブロックをスクリプトエリアに追加します。

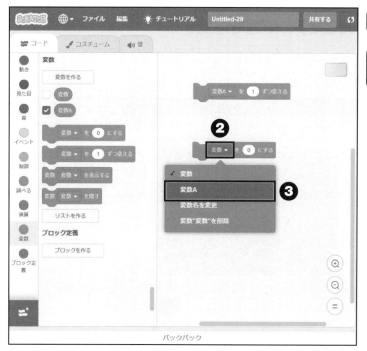

❷「変数」の部分をクリックします。

❸ 開いたメニューから［変数A］を選びます。

Step 2 「変数Aを0にする」ブロックの動作を確認します。

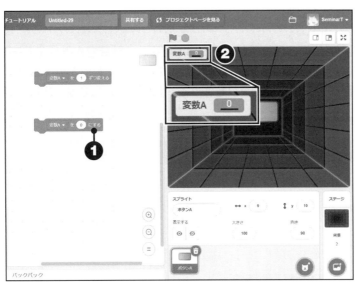

❶「変数Aを0にする」ブロックの「にする」のあたりをクリックします。

❷ 変数Aの値が0になったことを確認します。

💡 ヒント
変数Aが0になる
確認する操作をする前に変数Aの値を確認しておくといいでしょう。その前に0にしてしまった場合は、「変数Aを1ずつ変える」ブロックを何度か実行して変数Aを0以外の値にしてから0にする処理を確認します。

クリックをイベントとする処理

ここまでの作業で、変数Aを0から始めて1ずつ増やしていくためのブロックを用意できました。ここからは「ボタンをクリックしたときに」を実現するための処理を作っていきましょう。そのために使うのが「イベント」です。このボタンの処理では「このスプライトが押されたとき」ブロックと「スタートボタンが押されたとき」ブロックを使います。

....

操作 👉 「ボタンをクリックしたとき」の処理を追加する

....

Step 1 この時点の動作を確認します。

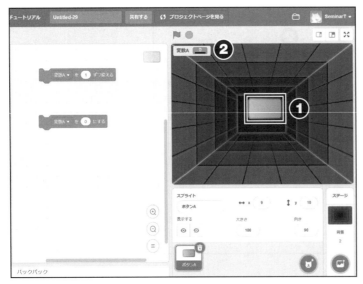

❶ ステージに配置した「ボタンA」をクリックします。

❷ クリックしても「変数A」が変化しないことを確認します。

Step 2 「このスプライトが押されたとき」ブロックを追加します。

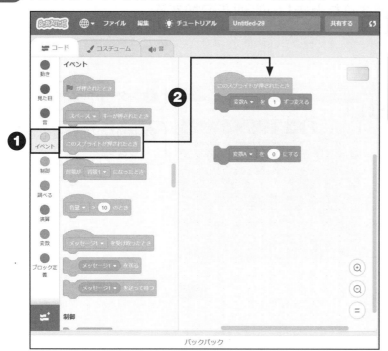

❶[イベント] カテゴリを選びます。

❷「このスプライトが押されたとき」ブロックをスクリプトエリアの「変数Aを1ずつ増やす」ブロックの上に付けるように配置します。

Step 3 ボタンをクリックしたときの動作を確認します。

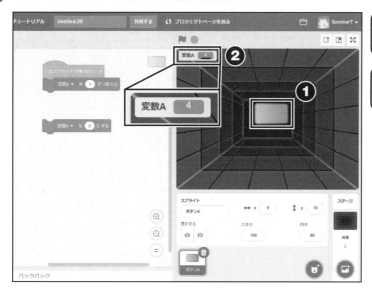

❶ステージに配置した「ボタンA」をクリックします。

❷クリックに従って「変数A」の値が増えていくことを確認します。

⚠ **重要** **ステージ上のボタンをクリック**
「変数Aを1ずつ変える」ブロックだけでは、このブロックを直接クリックしない限り変数Aの値には変化がありません。このブロックを動作させるきっかけになるよう、「このスプライトが押されたとき」ブロックを組み合わせました。これにより、ステージ上の「ボタンA」をクリックすることで「変数Aを1ずつ変える」ブロックを実行できます。この結果、スクリプトエリアのブロックを操作しなくても変数Aの値を変えることができるようになりました。

操作 👉 「スタートボタンが押されたとき」の処理を追加する

Step 1 この時点の動作を確認します。

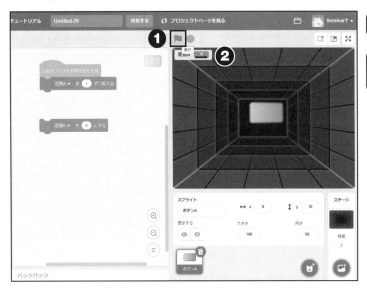

❶ スタートボタンをクリックします。

❷ 変数Aの値が変化しないことを確認します。

Step 2 「スタートボタンが押されたとき」ブロックを追加します。

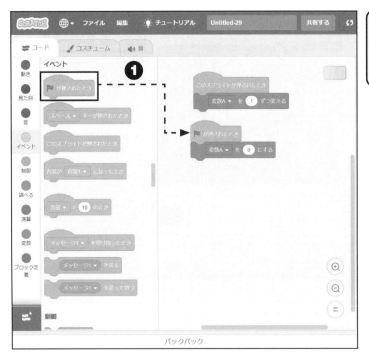

❶ 「スタートボタンが押されたとき」ブロックをドラッグし、「変数Aを0にする」ブロックの上に付けるように配置します。

Step 3 スタートボタンを押したときの動作を確認します。

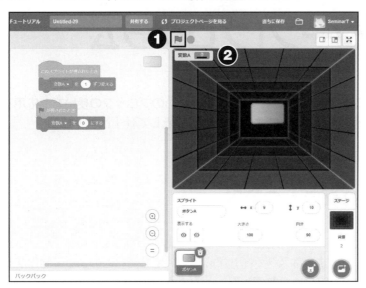

❶ スタートボタンをクリックします。

❷ 「変数A」の値が0になったことを確認します。

「たし算マシーン」プログラム

さて、本書でこれまで見てきたさまざまな処理と、そのためのブロックの使い方を応用することで、自分が作ったプログラムを他の人にも使ってもらえる"作品"として仕上げましょう。

「たし算マシーン」プログラムの設計

ここで、ただいま制作中の「たし算マシーン」の設計について説明しておきましょう。こういう動作をするプログラムを作りたいという場合に、どのようなスプライトが必要で、それぞれどのように動作するものかをあらかじめ考えておくことで、どのようなブロックを使って、どのようなスクリプトを作ればいいのか、ある程度は見えてきます。

■ プログラムの基本構造

このプログラムは、四則演算のブロックを使ってたし算をするプログラムです。2つの数のたし算を実行します。

「○+○」の式の左側に入る値、右側に入る値をそれぞれ入力し、計算を実行するボタンを押すことでたし算を実行します。それぞれの値は、ステージ上に表示し、いつでも確認できるようにしておきます。たし算を実行すると、その結果が表示されます。

ステージには左側の数を設定するためのボタン、右側の数を設定するためのボタンおよび計算を実行するためのボタンを用意します。

「たし算マシーン」プログラムの完成イメージ

ユーザーが計算のためにする操作は、各ボタンをクリックすることだけです。各ボタンをスプライトとして用意し、それぞれにスクリプトを作成します。

変数は3種類用意します。左側の数を収める変数、右側の数を収める変数、それと合計用の変数です。合計用の変数には、左側用の変数と右側用の変数をたし算した結果を収めます。つまり、たし算の式は「左側用の変数＋右側用の変数」になり、たし算を実行したときのそれぞれの値で合計値が求められます。

■ たし算の式の左側の数を決める

もう少し具体的にプログラムの作りを見ていきましょう。まずは、たし算の式の左側の数をどのような
スクリプトで決めるかです。実は、本章でスプライトやイベントを理解するために作ったボタンは、こ
の左側の数用のボタンを想定して作りました。

184ページで動作を確認した通り、プログラムの利用者がこのボタンをクリックすると、このボタンに
対応した変数の数がクリック1回につき1ずつ増えていきます。これをスクリプトの動作として考えて
みましょう。

まず、このボタン用の変数として「変数A」を作成しました。プログラムの開始時、つまりスタートボタ
ンが押されたときに、「変数A」を0にしました。以降はユーザーがこのボタンをクリックするのを待ち
ます。待っている間は何もしません。

ボタンがクリックされた場合は、「変数A」の値を1増やします。あとは、次にこのボタンがクリックさ
れるまで何もしません。これを図にすると、以下のようになります。

左側用のボタンの動作

この動作は、本章ですでにスクリプト化しています。176〜186ページで作ったボタンのスクリプト
です。この「たし算マシーン」の場合、プログラムの開始時の処理は「スタートボタンが押されたとき」
ブロックを先頭とするスクリプト、ボタンがクリックされたときの処理は「このスプライトが押された
とき」ブロックを先頭とするスクリプトに分けるので、ひとつながりにはなりません。2つのスクリプト
を作ったのは、このためです。また、変数Aを0にしたあと、ボタンがクリックされるまでの間、ユー
ザーが何もしなければスクリプトも何もしません。「ボタンをクリックする」という操作を待つだけです。
プログラムにとってクリックという操作は入力です。このため、操作を待つ間のことを「入力待ち」とい
うこともあります。

「変数A」の値は、ステージに表示されている値を隠さないことで常に確認できるようにしておきます。
第3章で作った「数字当てプログラム」はクイズのようなものですから、答えとなる変数は非表示にし
ました。ですが、この「たし算マシーン」では計算するもとになる値は見えていないと確認できません。
別途表示させることもできますが、スクリプトが複雑になるので、今回は変数の表示をそのまま使うこ
とにします。

■ たし算の式の右側の数を決める

たし算の右側の数についても、同様のボタンを用意します。といっても、本当にほとんど同じです。

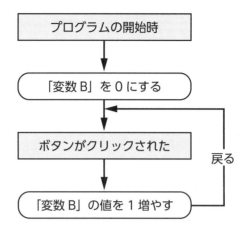

右側用のボタンの動作

プログラムの開始時

↓

「変数B」を0にする

↓

ボタンがクリックされた

↓

「変数B」の値を1増やす

戻る

違いは、ボタンをクリックした回数を記録する変数を「変数A」とは別に用意することです。そうしないと、「変数A＋変数A」を計算してしまうことになり、思った通りの計算結果になりません。このため、右側用の変数には「変数B」を作成し、この変数Bにボタンをクリックした数を記録することにします。

単純な構造で変数の種類が少ないプログラムであれば、注意深くプログラミングすれば変数の取り違えは防げるかもしれません。しかしながら、処理が複雑になってたくさんの変数を使い分けるようなプログラムを作ると、変数名を間違えてプログラムを作ってしまったために思った通りの動作にならないというのは、起こりがちなミスです。場合によってはエラーも出ないため、計算が誤っていることに気が付きにくいこともあります。気を付けたいですね。

■ たし算を実行する

左側、右側ともボタンをクリックして数を決めたら、たし算を実行します。そのためのボタンを別途用意します。

このボタンでも変数を作成します。この変数は「合計」としておきましょう。想像が付くかもしれませんが、「変数A」と「変数B」の合計を記録しておくための変数です。これも、ここまでのボタンと同様にプログラムの開始時に値を0にします。

次に、このボタンが押されたら「変数A」＋「変数B」の計算を実行します。その結果を、変数「合計」の値にします。

これを図式化すると次のようになります。

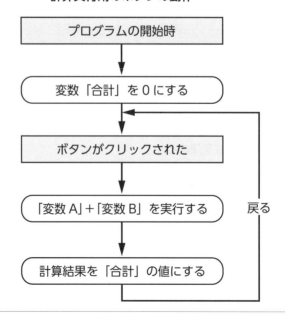

計算実行用のボタンの動作

プログラムの開始時

↓

変数「合計」を0にする

↓

ボタンがクリックされた

↓

「変数A」＋「変数B」を実行する

↓

計算結果を「合計」の値にする

戻る

左側のボタン、右側のボタンともに、入力の終了を示すような処理はありません。このため、このボタンをクリックした時点の「変数A」、「変数B」それぞれの値を使って、たし算を実行し、その結果を表示します。

プログラムはこれで終わるわけではないので、続けて左右のボタンを操作して値を変えて計算を実行すれば、続けて別のたし算を実行することができます。左右の値を増やして計算する場合は、そのまま入力を続ければいいわけです。

💡 ヒント　**続けて別の計算をする場合**

この仕様では、左右いずれかでより小さい数の計算をしたいときには、いったんプログラムを終了して、再び開始する必要があります。プログラムを実行したまま、別のパターンの計算をするためには、計算をリセットするためのボタンを別途作って、このボタンが押されたら各変数を0にするスクリプトを追加するといった改良をするといいかもしれません。「たし算マシーン」の作り方がわかったら、挑戦してみるといいでしょう。

■ 共有

「たし算マシーン」プログラムは、皆さんが本書で学んだことをもとに作る「作品」でもあります。そこで、作品として見栄えを整えたり、知り合いや家族など、自分以外の人にも試してもらえるように公開したりといったこともしてみましょう。

見栄えについては、本章で背景を付ける操作を紹介しました。背景によってステージの印象は大きく変わります。背景はたくさん用意されているので、プログラムに合った雰囲気の画像を選びましょう。

完成したプログラムは共有機能を使うと、インターネット上に公開できます。ここまで見てきた手順では、エディター画面でプレビュー機能を使って動作させているだけなので、自分しかプログラムを利用できません。

Scratchの共有機能を有効にすると、作成した作品にはURLが付けられます。このURLにアクセスすると、次のような画面が開き、プログラムの作成者だけでなく誰でもその作品を楽しむことができます。

プロジェクト単位で共有できるので、作成中のプロジェクトは公開せずに、完成したものだけ公開することができます。完成しないと公開できないわけではありません。作成中でもプロジェクトは公開できます。うまくプログラムが作れなくて悩んでいるようなときには、他のScratchユーザーに相談してヒントをもらうといったこともできるようになっています。

「たし算マシーン」の作成

では、ここまでで作成したボタンを活用して、「たし算マシーン」を作っていきましょう。

右側に配置するボタンの作成

左側の数を入力するためのボタンは、すでに作成しました。続いて、右側のボタンを作っていきます。その手順は、左側のボタンとほとんど同じですが、扱う変数が異なります。また、ボタンも見た目のイメージを少し変えてみましょう。同じ機能を持つボタンなので、ここでは形を変えずに色を変えることにします。

その前に、左側のボタンの位置も調整しておきましょう。スプライトの位置は初期状態では自動的に中央に配置されてしまいます。これを画面の左側に配置します。同時にこの段階で、プロジェクト名もちゃんとした名前を付けておきましょう。

操作 🖝 **プロジェクト名を修正する**

Step 1 プロジェクト名を「たし算マシーン」に変更します。

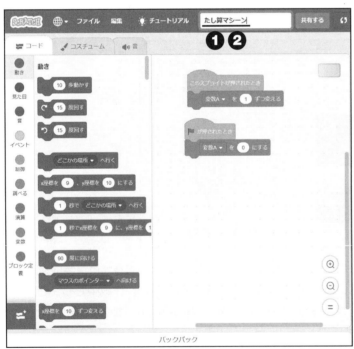

❶ プロジェクトタイトル欄をクリックします。

❷ 「たし算マシーン」と入力します。

操作 👉 ボタンの位置を変更する

. . . .

Step 1 ボタンのx座標を変更します。

❶ [スプライト] 欄の [x] の欄をク
リックします。

❷ 「-140」と入力します。

❸ ボタンがステージの左側に移動し
たことを確認します。

💡 ヒント

座標の入力

入力する文字が全角だと、座標の欄には
正しく入力できません。入力の際は、日本
語入力モードがオンになっていないか確か
めるとよいでしょう。

- -

Step 2 ボタンのy座標を変更します。

❶ [y] の欄をクリックします。

❷ 「40」を入力します。

❸ ボタンが少し上に移動したことを
確認します。

操作 👉 右側用のボタンを読み込む

Step 1 ボタンの一覧画面を開きます。

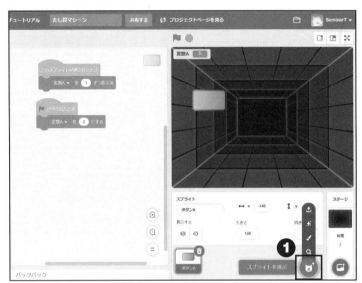

❶ 画面右下の[スプライトを選ぶ] ボタンをクリックします。

💡 **ヒント**
[スプライトを選ぶ] ボタン
通常はこのボタンは青で表示されていますが、マウスポインターをボタンに乗せると色が緑に変わり、上のほうに伸びてメニューが表示されます。操作としては、丸いボタンをクリックするだけでかまいません。

❷ スプライトの一覧画面が表示されたことを確認します。

Step 3 「Button3」を検索して読み込みます。

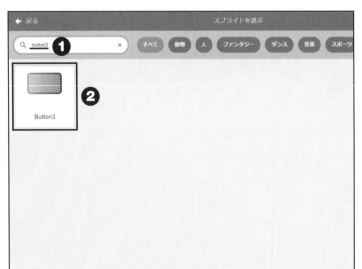

❶ 検索キーワードに「button3」を入力します。

❷ 絞り込まれたスプライトから「Button3」をクリックします。

Step 4 新しいボタンが読み込まれたことを確認します。

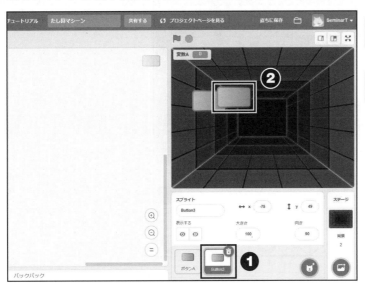

❶ スプライトリストに「Button3」が追加されたことを確認します。

❷ ステージにも「Button3」が表示されたことを確認します。

操作 🖙 **スプライト名を変更する**

Step 1 「Botton3」を「ボタンB」に書き換えます。

❶ スプライトの名称欄をクリックします。

❷ 「ボタンB」と入力します。

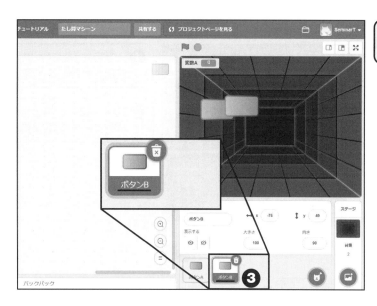

❸ スプライトリストの名前が「ボタン
B」に変わったことを確認します。

操作 ☞ **スプライトの位置を変更する**

···

Step 1 スプライトのx座標を変更します。

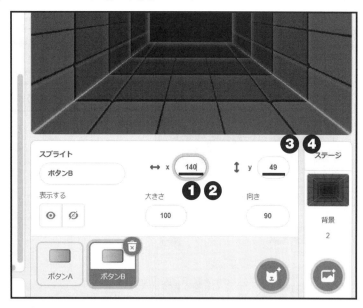

❶ [x] 欄をクリックします。

❷ 「-75」を「140」に書き換えます。

❸ [y] 欄をクリックします。

❹ 値を「40」に書き換えます。

💡 **ヒント**

初期状態のx座標

この画像では「-75」がx座標の初期値でし
たが、環境によりこの値は変わることがあ
ります。初期値にかかわらず、ここでは
「140」に変更してください。

Step 2 スプライトの位置が変わったことを確認します。

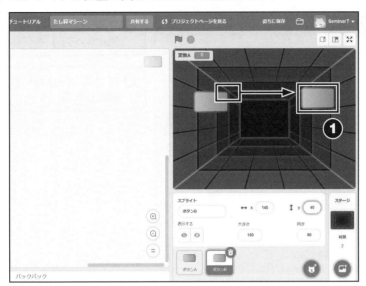

❶ ボタンがステージ右側に移動した
ことを確認します。

操作👉 **スプライトの色を変更する**

. . . .

Step 1 [コスチューム] タブに切り替えます。

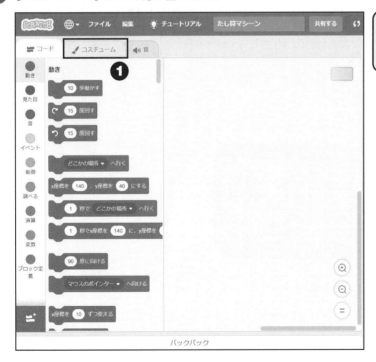

❶ ブロックパレットのすぐ上にある
[コスチューム] タブをクリックし
ます。

Step 2 青いボタンに切り替えます。

❶ コスチュームの一覧にある「button3-b」をクリックします。

❷ ボタンの色が青に変わったことを確認します。

Step 3 スクリプト画面に戻ります。

❶ [コード] タブをクリックします。

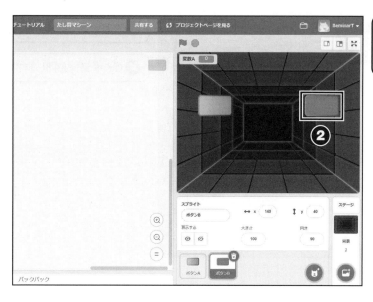

❷ スクリプトのエディター画面に戻るので、ステージのボタンも色が変わっていることを確認します。

右側に配置するボタンで使う変数

右側用のボタンをステージに配置できたので、このボタンのスクリプトを作っていきましょう。まず、このボタン用の変数を作成し、変数の表示位置を整えます。

操作☞ 「変数B」を作成する

Step 1 「変数B」を新しく作ります。

❶ [変数] カテゴリを選びます。

❷ [変数を作る] ボタンをクリックします。

❸ 変数名を「変数B」にします。

❹ OKボタンを押します。

操作 👉 **変数の表示位置を整える**

. . . .

Step 1 ステージ上で変数の表示位置を整えます。

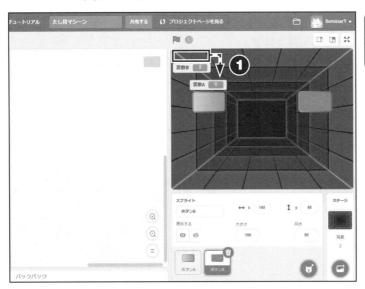

❶ ステージにある「変数A」の位置を左側のボタンの上にドラッグ操作で動かします。

❷ ステージにある「変数B」の位置を右側のボタンの上にドラッグ操作で動かします。

右側に配置したボタンのスクリプト

右側に配置したボタンのスクリプトを作ります。スクリプトは、先に作った右側のボタン用のものとほとんど同じです。変えなくてはならないところに気を付けながら、同様の手順でスクリプトを作成してください。

操作 👉 ボタンをクリックした回数を数えるスクリプトを作る

Step 1 「変数を1ずつ変える」ブロックを追加します。

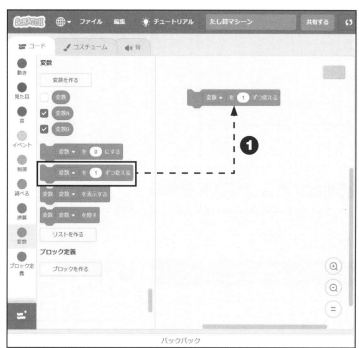

❶ ブロックパレットの「変数を1ずつ変える」ブロックをスクリプトエリアにドラッグします。

Step 2 処理する対象を「変数B」に変更します。

❶「変数を1ずつ変える」の「変数」の部分をクリックします。

❷ 開いたメニューから[変数B]を選びます。

❸「変数Bを1ずつ変える」ブロックになったことを確認します。

操作👉 プログラム開始時に初期化するスクリプトを作る

Step 1 「変数を0にする」ブロックを追加します。

❶ ブロックパレットの「変数を0にする」ブロックをスクリプトエリアにドラッグします。

Step 2 処理する対象を「変数B」に変更します。

❶「変数を0にする」ブロックの「変数」の部分をクリックします。

❷開いたメニューから[変数B]を選びます。

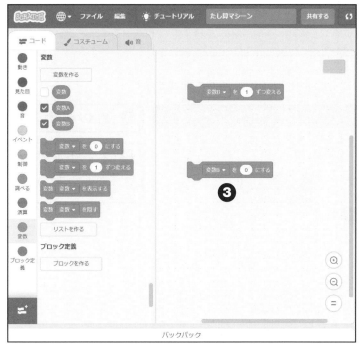

❸「変数Bを0にする」ブロックになったことを確認します。

💡 **ヒント**

動作を確認する手順

ここまではこまめにブロックの動作を確認する手順をはさんできましたが、ここからは特に確認が必要となる重要な段階以外では特にその手順については紹介しません。各自で、必要に応じてこれまで同様にブロックの動作を確認することをお薦めします。

Step 1 ボタンをクリックしたときのスクリプトにイベント用ブロックを追加する

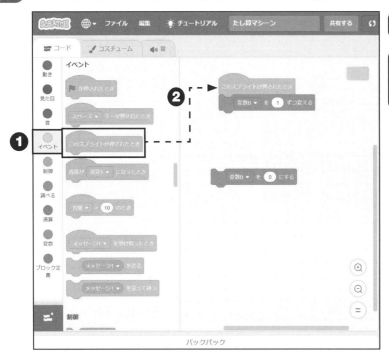

❶ [イベント] カテゴリを選択します。

❷ 「このスプライトが押されたとき」ブロックを「変数Bを1ずつ変える」ブロックの上にドラッグします。

Step 2 プログラム開始時のスクリプトにイベント用ブロックを追加する

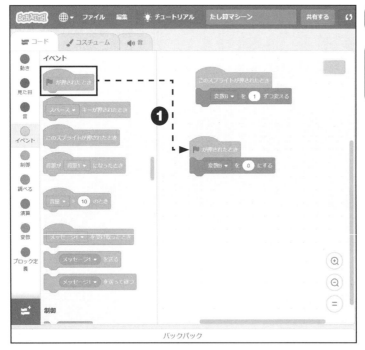

❶ [イベント] カテゴリを選択します。

❷ 「スタートボタンが押されたとき」ブロックを「変数Bを0にする」ブロックの上にドラッグします。

Step 3 ボタンをクリックしたときの動作を確認します。

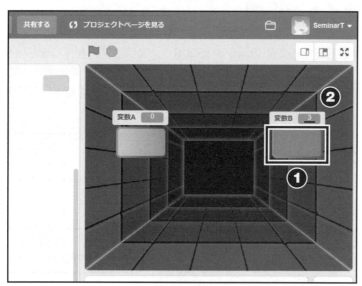

❶ 右側のボタンをクリックします。

❷ クリックするごとに「変数B」の値が1ずつ増えていくことを確認します。

Step 4 スタートボタンを押したときの動作を確認します。

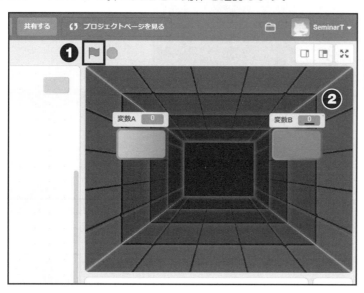

❶ スタートボタンを押します。

❷ 「変数B」の値が0になったことを確認します。

🔔 **重 要** **思った通りの動作にならない場合**

設計した通りの動作にならない場合、スクリプト内の変数が正しく設定されているか（「変数B」ではなく「変数A」や「変数」もしくはそれ以外になっていないか）、「スタートボタンが押されたとき」ブロックや「このスプライトが押されたとき」ブロックと、変数の値を変更するブロックが正しい組み合わせになっているかどうかをもう一度確認しましょう。

計算を実行するスプライトを追加

左右の値を設定したあと、たし算を実行するためのボタンを追加し、スクリプトを作りましょう。手順としては、ここまでに作った2つのボタンと同じような流れになります。まずスプライトを追加し、変数を作ります。その変数に対して必要な処理をするスクリプトを作り、動作を確認するというのが大まかな手順です。

操作 🖝 新しいボタンに使うスプライトを追加する

Step 1 新たに「Laptop」を読み込みます。

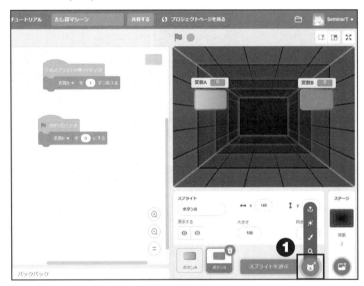

❶ 画面右下の[スプライトを選ぶ] ボタンを押します。

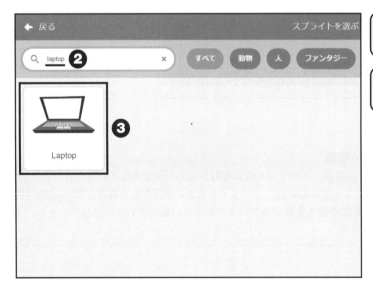

❷ 検索キーワードに「laptop」を入力します。

❸ 絞り込まれたスプライトの「Laptop」をクリックします。

操作 🖝 スプライトの名前や位置を調整する

Step 1 スプライトの名前を変更します。

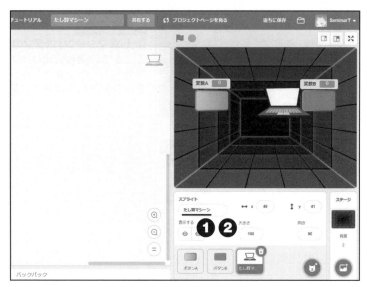

❶ スプライトの名前欄をクリックします。

❷ 名前を「たし算マシーン」に書き換えます。

Step 2 スプライトのx座標を変更します。

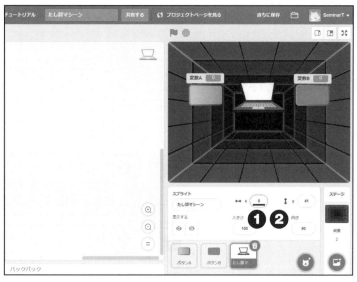

❶ [x] 欄をクリックします。

❷ 値を「0」に書き換えます。

💡 ヒント

座標の値が0

x座標の値を0にすることにより、スプライトの位置を左右に対して中央に配置することができます。y座標を0にすると上下に対して中央に、x座標、y座標ともに0にするとステージの中心に配置することができます。

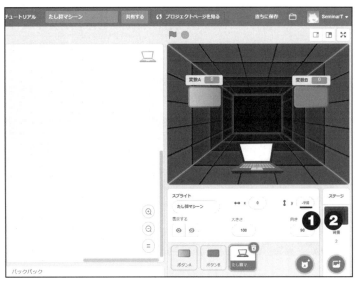

❶ [y] 欄をクリックします。

❷ 値を「-110」に書き換えます。

💡 ヒント

「たし算マシーン」ボタンの位置

ここまでの操作により、ノートパソコンの形をした「たし算マシーン」ボタンは、ステージ中央の下のほうに配置されます。

たし算をする処理

たし算を実行する「たし算マシーン」ボタンの細かい設定が終わりました。次に、このスプライトに対して、計算処理をするスクリプトを作りましょう。

操作👉 変数Aと変数Bを合計する処理を作る

Step 1 たし算ブロックを追加します。

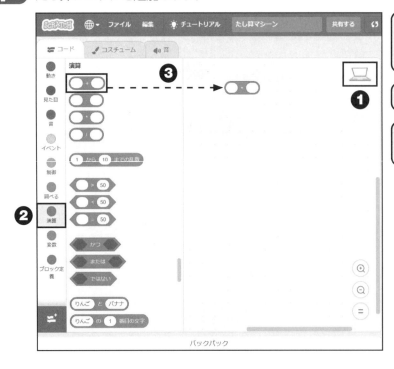

❶ スクリプトエリアに表示されたスプライトが「たし算マシーン」であることを確認します。

❷ [演算] カテゴリを選びます。

❸ 「○+○」ブロックをスクリプトエリアにドラッグします。

Step 2 たし算ブロックに変数を組み込みます。

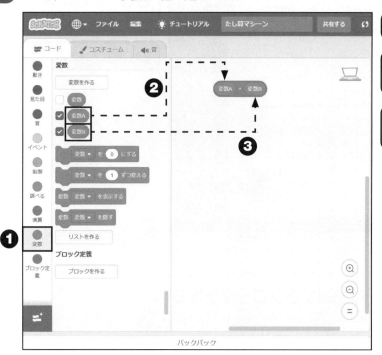

❶ [変数] カテゴリを選びます。

❷ 「変数A」ブロックをたし算ブロックの左側の○にドラッグします。

❸ 「変数B」ブロックをたし算ブロックの右側の○にドラッグします。

操作 👉 合計の値を格納する変数を作る

Step 1 新しい変数「合計」を作ります。

❶ ブロックパレットの[変数を作る]をクリックします。

❷［新しい変数］画面では変数名として「合計」を入力します。

❸ OKボタンを押します。

操作 👉 合計値を変数「合計」に記録するブロックを作る

Step 1　「変数A」と「変数B」の合計値を「合計」に入れるブロックを作ります。

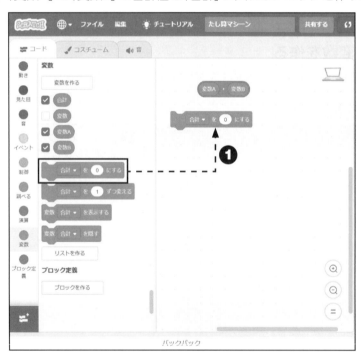

❶ ブロックパレットの「合計を0にする」ブロックをスクリプトエリアにドラッグします。

🛡 重要　ブロックに表示された変数名

［変数］カテゴリのブロックで何らかの変数を使うものは、ブロックパレットに並んだ変数のうち、一番上にあるものが標準の変数として使われています。上の画面で通常「変数を0にする」ブロックが「合計を0にする」ブロックになっているのはこのためです。ほかには「合計を1ずつ変える」ブロックや、「変数『合計』を表示する／隠す」などのブロックも、最初は変数名が「変数」になっているところが「合計」になっていることがわかります。

ほかにどんな名前の変数を作ったかにより、ブロックに表示される変数が「合計」ではないことがあります。そのときは変数名の部分をクリックして、変数を「合計」に変更します。その手順は、ここまでで何度か出てきています。手順を思い出しながら、扱う変数を選び直しましょう。

❷「合計を0にする」ブロックの0の部分に「変数A+変数B」ブロックを組み込みます。

❸「合計を変数A+変数Bにする」ブロックになったことを確認します。

💡 ヒント　**ブロックをブロック内に組み込む操作**

ここでの操作のように、比較的大きいブロックを他のブロックに組み込むようにドラッグするとうまく行かないことがあります。原則として、組み込み先の領域の左端と組み込むブロックの左端をそろえるようにするとすんなり収まります。「先頭をそろえる」と覚えておきましょう。ドラッグするときのマウスポインターの位置が基準ではないので、ブロックが大きいと先頭のずれが大きくなってしまうことがあります。

Step 1 「このスプライトが押されたとき」ブロックを追加します。

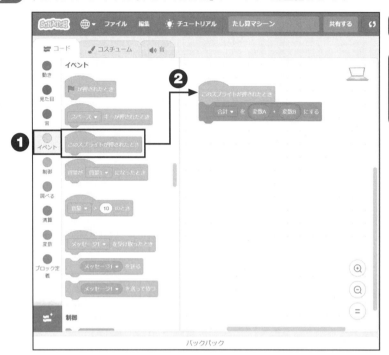

❶ [イベント] カテゴリを選びます。

❷ 「このスプライトが押されたとき」ブロックを「合計を変数A＋変数Bにする」ブロックのすぐ上につなげます。

プログラム開始時の合計値の処理

操作 👉 プログラムの開始時に変数「合計」を初期化する

Step 1 「スタートボタンが押されたとき」ブロックを追加します。

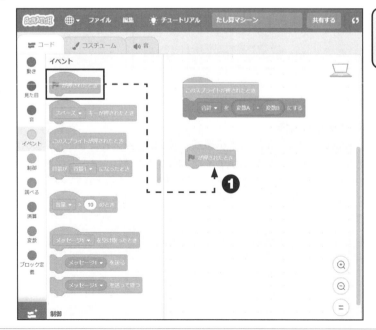

❶ 「スタートボタンが押されたとき」ブロックをスクリプトエリアにドラッグします。

Step 2 「合計を0にする」ブロックを追加します。

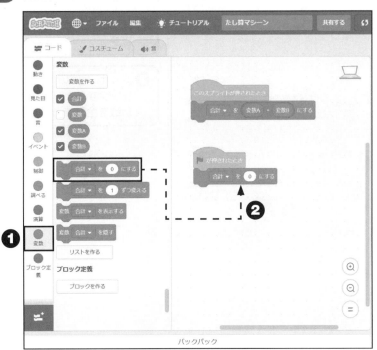

① [変数] カテゴリを選びます。

② 「合計を0にする」ブロックをドラッグして、「スタートボタンが押されたとき」ブロックの下につなげます。

💡 **ヒント**

「合計を0にする」ブロックではない場合

「合計を0にする」ブロックはなく、「変数を0にする」ブロックや別の変数名で「0にする」ブロックになっている場合は、スクリプトエリアに追加してから変数名を変更します。

プログラム開始時のメッセージを作成

今のままでは利用者はこのプログラムをどのように使えばいいかわかりません。プログラムの開始時に、「たし算マシーン」ボタンから簡単な使い方を知らせるメッセージを出すようにします。

操作 👉 メッセージを表示するブロックを追加する

Step 1 「こんにちは！と言う」ブロックを追加します。

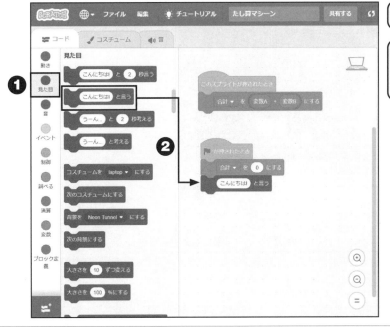

① [見た目] カテゴリを選びます。

② 「こんにちは！と言う」ブロックを「合計を0にする」ブロックの下につなげます。

Step 2 メッセージを書き換えます。

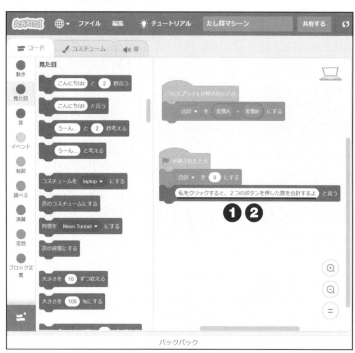

❶「こんにちは！」の欄をクリックします。

❷ メッセージの内容として「私をクリックすると、2つのボタンを押した数を合計するよ」を入力します。

操作👉 合計値の表示を調整する

合計値は、常に表示しておく必要はありません。左右のボタンをクリックした回数、つまり変数「変数A」と「変数B」は操作に応じていくつなのかは見られるようにしておきますが、合計値は計算をしない段階ではかえって邪魔です。

そこで、通常は合計値を隠しておいて、必要なとき、つまり計算を実行したときにだけ、ステージ中央に表示するようにします。そのためには、プログラム開始時に合計値を隠し、計算の実行に合計値を表示するように、スクリプトに必要なブロックを追加します。

Step 1 合計値の表示位置をステージ中心に変更します。

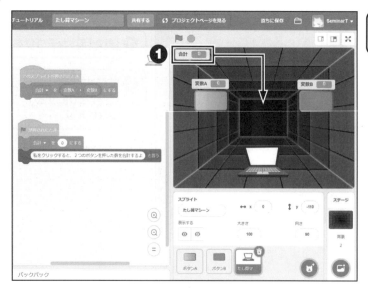

❶ ステージにある変数「合計」をドラッグします。

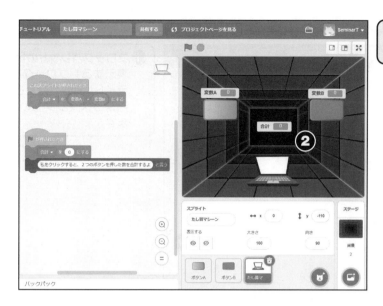

❷ 「合計」の表示位置をステージ中央にします。

Step 2 プログラム開始時のスクリプトに「変数『合計』を隠す」ブロックを追加します。

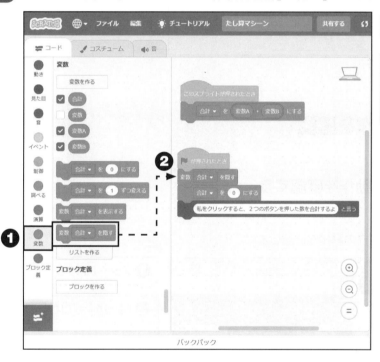

❶ [変数] カテゴリを選びます。

❷ 「変数『合計』を隠す」をドラッグし、「スタートボタンが押されたとき」ブロックのすぐ下に挿入します。

💡 ヒント　**ブロックを挿入する操作**

すでに並んでいるブロックの間に新しいブロックを挿入する場合は、ブロックパレットからスクリプトエリアにドラッグする際、挿入したい位置に（前後のブロックの境界線）に向けてドラッグすると、ブロックとブロックの間にドロップできるようになります。もしうまくドラッグ操作で挿入できない場合は、
①挿入したい位置の次のブロック（上の図の場合は「合計を0にする」ブロック）を下方向にドラッグして、以降のブロックを上のブロックと切り離す
②挿入したいブロックを、前のほうのスクリプトの末尾（上の図の場合は「スタートボタンが押されたとき」ブロックの下）に並べる
③切り離したブロックを、挿入したブロックの下に並べる
という操作をすれば確実です。

Step 3 ボタンが押されたときのスクリプトに「変数『合計』を表示する」ブロックを追加します。

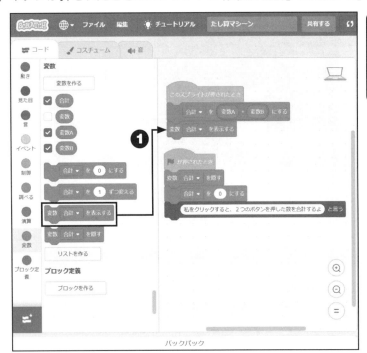

❶ ブロックパレットの「変数『合計』を表示する」ブロックを、「このスプライトが押されたとき」ブロックで始まるスクリプトの末尾に配置します。

プログラム全体の動作を確認

操作👉 プログラム開始時の動作を確認する

Step 1 スタートボタンを押したときの動作を確認します。

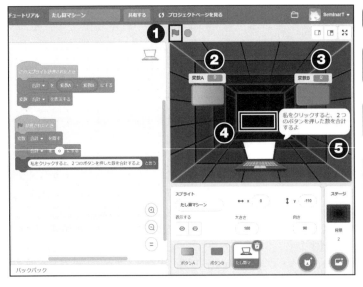

❶ スタートボタンを押します。

❷ 「変数A」が0になったことを確認します。

❸ 「変数B」が0になったことを確認します。

❹ 「合計」が非表示になったことを確認します。

❺ プログラム開始時のメッセージが表示されたことを確認します。

Step 2 左右のボタンを押したときの動作を確認します。

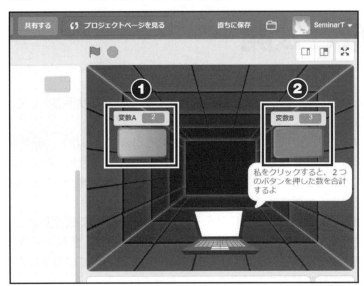

❶ 左のボタンをクリックしたときに、それに応じて変数Aが増えていくことを確認します。

❷ 右のボタンをクリックしたときに、それに応じて変数Bが増えていくことを確認します。

Step 3 合計を求めるときの動作を確認します。

❶「たし算マシーン」ボタンをクリックします。

❷ 合計値が正しく表示されることを確認します。

作品の完成と公開

正しく動作することが確認できたら、スクリプトは完成です。もう少しだけ手直しして、作品としての完成度を少しでも高めましょう。

ポイントは変数の表示です。今の時点では変数名が表示されています。しかし、変数が重要なのはスクリプトの中だけなので、利用者に変数名を見せる必要はありません。舞台裏はなるべく隠すという方針で、変数名を隠す設定にしましょう。具体的には表示の設定で「大きな表示」を選ぶことにより、値を大きく見せて、変数名を隠すことができます。

ボタンや変数の表示位置が適切かどうか、最後にステージを大きく表示して確認しましょう。スプライトは座標を数値で指定できるので位置を正確に決めることができますが、変数はマウスで動かす方法しかありません。左右で高さがそろっているか、上下で中心位置がそろっているかなどをチェックします。必要に応じて、位置の微調整などをこの段階でやっておきましょう。

そこまで終わればいよいよ作品として完成です。「たし算マシーン」プログラムのプロジェクトを共有して、インターネットに公開しましょう。これにより、このプロジェクト専用のURLが作成されます。このURLを教えることで、知り合いや家族などに「たし算マシーン」プログラムを使ってもらうことができます。ぜひ、いろいろな人に使ってもらって感想を教えてもらい、次に作る作品に生かしましょう。

最終調整として変数の表示を変更

操作☞ 変数の表示を値のみに変更する

Step 1 左右ボタンの変数の表示を [大きな表示] に変更します。

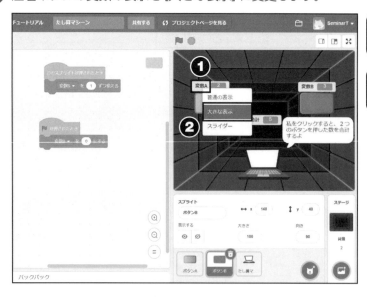

❶ ステージ上の「変数Ａ」を右クリックします。

❷ 開いたメニューから[大きな表示]を選択します。

❸ 必要に応じて位置を微調整します。

❹ 「変数B」を右クリックします。

❺ 開いたメニューから[大きな表示]
を選択し、「変数A」に合わせて位
置を微調整します。

Step 2 合計の表示も [大きな表示] に変更します。

❶ 「変数A」「変数B」と同じ手順で「合
計」も[大きな表示]に変更します。

❷ ステージ中心になるよう、必要に
応じて位置を微調整します。

操作 👉 **大きな画面で最終チェックをする**

Step 1 [全画面表示] でステージを拡大します。

❶ ステージ右上にある[全画面表示]ボタンを押します。

Step 2 拡大表示したステージで動作や配置を確認します。

❶ ステージが拡大表示されたら、スタートボタンを押してプログラムを起動します。

❷ 必要に応じて操作し、動作と表示を確認します。

❸ 確認できたらステージ右上の[全画面表示]をもう一度押して、エディター画面に戻ります。

❗ **重要**　**思い付いたアイデアはぜひ試してください**

Scratchはもちろん、どんなプログラミング言語でプログラムを作るのであっても、自分が思い付いたアイデアを自由にプログラムに反映させることができます。むしろ、自分で自由にプログラムを作っていただきたいと思います。ここまで本書ではお手本としてさまざまなスクリプトを紹介してきましたが、重要なのはScratchの操作方法です。本書で紹介した通りのプログラムを作る目的は、言ってみれば手順を覚えるためだけ。あとは自分で自由にプログラミングしてください。

と言われても、すぐには新しいプログラムを思い付くのは難しいかもしれません。そこで、本書で紹介したプログラムを改造してみることをお薦めします。たとえばこの「たし算マシーン」プログラムなら、左右のボタンを別のスプライトに変えてみたり、「たし算マシーン」ボタンを別のスプライトに変えて作ってみてもいいかもしれません。また、背景を変えるというのも、手っ取り早い改造です。「たし算マシーン」の代わりに「ひき算マシーン」や「かけ算マシーン」を作るとしたらどうしますか？ 思い付くところがあったら、すぐに試すのがお薦めです。

なお、いったん作ったプログラムを改造するときは、事前に [ファイル] メニューから [コピーを保存] を選びましょう。これによりプロジェクトを複製することができます。そうすれば改造前の状態をクラウドに残しておけるので、いつでも変更をリセットした状態を呼び出せます。

プログラムの共有

操作 👉 プロジェクトを共有する

Step 1 エディター画面で [共有する] ボタンを押します。

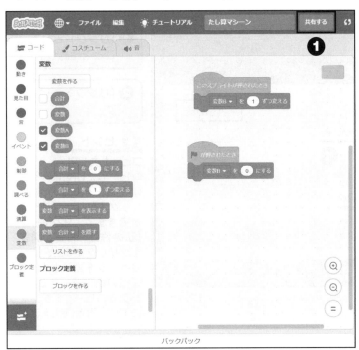

❶ プロジェクトタイトル欄の右側にある[共有する] ボタンを押します。

Step 2 プロジェクトが共有できたことを確認します。

❶ プロジェクトが共有されたことを示すメッセージが表示されます。

❷ [リンクをコピー] ボタンをクリックします。

[使い方]と[メモとクレジット]

操作手順の中では[使い方]と[メモとクレジット]欄については触れませんが、これらは作品を使う人が最初に開く画面に表示される情報です。[使い方]にはプログラムの使い方や遊び方、[メモとクレジット]欄には参考にした作品やその作者のニックネーム、その他の情報（利用者に伝えたいこと）を記入しておきましょう。この画面を見た人に使ってもらうには、これがどんなプログラムなのかをくわしく説明してくれているほうが親切です。

個人情報は入力しない

プロジェクトを共有する場合、プロジェクト名や[使い方]、[メモとクレジット]など、利用者の目に触れるところには、自分の名前や住所など個人情報を記載しないようにしましょう。プログラムで表示するメッセージなどにも、うかつに自分の情報を使わないように注意します。自分自身の個人情報はもちろん、家族や知り合いなど他人の情報を表示するのも厳禁です。

Step 3 作品のURLをコピーします。

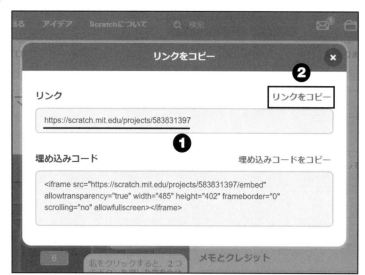

❶ [リンク]としてURLが表示されたことを確認します。

❷ [リンクをコピー]をクリックします。

💡 ヒント

コピーしたURL

コピーしたURLは、メールなどで教えてあげましょう。受け取った人はリンクをクリックすれば、プログラムを利用することができます。22ページ（第1章）の要領で[私の作品]画面を開き、プロジェクト名をクリックすると、いつでもプロジェクトのページを開けます。前ページのStep2と同様の操作で、そこに表示されている[リンクをコピー]ボタンをクリックすることにより、再度URLを表示できます。

共有を解除するには

何らかの事情で共有を解除する必要が出てくることもあるでしょう。いったん共有したプロジェクトを再び非公開にするには、21ページ（第1章）の要領でメニューバーのフォルダのアイコンをクリックして[私の作品]画面を開きます。対象となるプロジェクト欄にある[共有しない]というリンクをクリックします。

🛜 この章の確認

☐ ステージの背景を追加する操作を理解できましたか？

☐ スプライトをプロジェクトに追加することができますか？

☐ スプライトをプロジェクトから削除することができますか？

☐ スプライトの名前を変えるにはどのように操作しますか？

☐ スプライトの位置を座標で指定するにはどのように操作しますか？

☐ 水平方向（左右）の中心にスプライトを配置するには、x座標、y座標のどちらを0にしますか？

☐ 垂直方向（上下）の中心にスプライトを配置するには、x座標、y座標のどちらを0にしますか？

☐ プログラムの開始時に動作させたいスクリプトがある場合、[イベント] カテゴリのどのブロックを使いますか？

☐ プログラムの開始時に変数の値を指定した値で初期化するには [変数] カテゴリのどのブロックを使いますか？

☐ スプライトをクリックした回数を数えるには、[イベント] カテゴリからはどのブロックを使いますか？

☐ スプライトをクリックした回数を数えるには、[変数] カテゴリからはどのブロックを使いますか？

☐ スプライトのコスチュームを変更したい場合にはどう操作しますか？

☐ どのスプライトに対して作られたスクリプトかを見分けるには、どこを確認しますか？

☐ 何らかのメッセージを表示するときにはどのブロックを使いますか？

☐ ステージを拡大表示して動作を確認したいときはどのように操作しますか？

☐ 完成したプロジェクトを作品として公開するにはどのように操作しますか？

「たし算マシーン」プログラムは、たし算を一度実行してしまうと新たな計算はできません（正確には、ボタンをクリックして数を増やして計算することはできますが、数を減らすことができません）。このため、別の計算をするにはプログラムをいったん終了して、再度スタートする必要があります。

この手間を省いて使ってもらうために、プログラムの実行中に変数をゼロにするボタンを作り、何度でも計算し直すことができるように改変しましょう。その際、以下のようにプログラムが動作するようにします。

1. 計算をし直す前に押すボタン（スプライト）を追加します。スプライトは何を選んでもかまいません。

2. このスプライトが押されたら、変数Aを0にします。

3. このスプライトが押されたら、変数Bを0にします。

4. このスプライトが押されたら、合計を0にします。

5. このスプライトが押されたら、合計の値を非表示にします。

6. プログラムの開始時に、このスプライトから「ここを押すとリセット」というメッセージを表示します。

索引

■ 本書についての最新情報、訂正、重要なお知らせについては下記Webページを開き、書名もしくはISBN
　で検索してください。

　　https://project.nikkeibp.co.jp/bnt/

■ 本書に掲載した内容についてのお問い合わせは、下記Webページのお問い合わせフォームからお送りくだ
　さい。電話およびファクシミリによるご質問には一切応じておりません。なお、本書の範囲を超えるご質
　問にはお答えできませんので、あらかじめご了承ください。ご質問の内容によっては、回答に日数を要す
　る場合があります。

　　https://nkbp.jp/booksQA

Scratchプログラミング 基礎 セミナーテキスト

2021年11月29日　初版第1刷発行

著　　　者：鈴木 喬裕
発　行　者：村上 広樹
発　　　行：日経BP
　　　　　　〒105-8308　東京都港区虎ノ門4-3-12
発　　　売：日経BPマーケティング
　　　　　　〒105-8308　東京都港区虎ノ門4-3-12
装　　　丁：折原カズヒロ
制　　　作：クニメディア株式会社
印　　　刷：大日本印刷株式会社

・本書に記載している会社名および製品名は、各社の商標または登録商標です。なお、本文中に™、®マーク
　は明記しておりません。

©2021 Kyosuke Suzuki

ISBN978-4-296-05019-2　Printed in Japan